BEI GRIN MACHT SICH IHR WISSEN BEZAHLT

- Wir veröffentlichen Ihre Hausarbeit, Bachelor- und Masterarbeit

- Ihr eigenes eBook und Buch - weltweit in allen wichtigen Shops

- Verdienen Sie an jedem Verkauf

Jetzt bei www.GRIN.com hochladen und kostenlos publizieren

Eckart Löhr

Hoimar von Ditfurth. Aspekte seines Denkens

Eine kritische Einführung in das Denken des Mediziners, Wissenschaftlers und Wissenschaftsjournalisten anlässlich seines 20. Todesjahres

GRIN Verlag

Bibliografische Information der Deutschen Nationalbibliothek:

Die Deutsche Bibliothek verzeichnet diese Publikation in der Deutschen Nationalbibliografie; detaillierte bibliografische Daten sind im Internet über http://dnb.d-nb.de/ abrufbar.

Dieses Werk sowie alle darin enthaltenen einzelnen Beiträge und Abbildungen sind urheberrechtlich geschützt. Jede Verwertung, die nicht ausdrücklich vom Urheberrechtsschutz zugelassen ist, bedarf der vorherigen Zustimmung des Verlages. Das gilt insbesondere für Vervielfältigungen, Bearbeitungen, Übersetzungen, Mikroverfilmungen, Auswertungen durch Datenbanken und für die Einspeicherung und Verarbeitung in elektronische Systeme. Alle Rechte, auch die des auszugsweisen Nachdrucks, der fotomechanischen Wiedergabe (einschließlich Mikrokopie) sowie der Auswertung durch Datenbanken oder ähnliche Einrichtungen, vorbehalten.

Impressum:

Copyright © 2009 GRIN Verlag GmbH
Druck und Bindung: Books on Demand GmbH, Norderstedt Germany
ISBN: 978-3-640-26707-1

Dieses Buch bei GRIN:

http://www.grin.com/de/e-book/122249/hoimar-von-ditfurth-aspekte-seines-denkens

GRIN - Your knowledge has value

Der GRIN Verlag publiziert seit 1998 wissenschaftliche Arbeiten von Studenten, Hochschullehrern und anderen Akademikern als eBook und gedrucktes Buch. Die Verlagswebsite www.grin.com ist die ideale Plattform zur Veröffentlichung von Hausarbeiten, Abschlussarbeiten, wissenschaftlichen Aufsätzen, Dissertationen und Fachbüchern.

Besuchen Sie uns im Internet:

http://www.grin.com/

http://www.facebook.com/grincom

http://www.twitter.com/grin_com

Für Simone

„Ich wüßte gern, was der liebe Gott sich eigentlich dabei gedacht hat, als er die Welt erschaffen hat. Und was mich sehr zornig macht, ist, daß mir zwar genug Gehirn in meinen Schädel gestopft worden ist, um zu entdecken, daß da ein unglaubliches Geheimnis die Grundlage unserer Existenz ist, aber dieses Stückchen reicht eben mit Gewißheit nicht aus, um mir die Antwort darauf zu geben, worin dieses Geheimnis besteht."

(Hoimar von Ditfurth, „Das Gespräch")

Inhalt

Vorwort 4

1. Der epistemologische Aspekt 7
2. Der ontologische Aspekt 14
3. Der ethische und ökologische Aspekt 25
4. Der metaphysische Aspekt 35
5. Schlussbetrachtung 46
6. Veröffentlichungen 49
7. Literatur 51

Vorwort

„Am 15. Oktober 1921 hatte meine Mutter einen schweren Tag: Zu Beginn des Tages gab es mich noch nicht, am Ende des 15. aber war ich vorhanden, ein menschliches Individuum, dessen Existenz urkundlich bestätigt und mit den notwendigen bürgerlichen Identifikationsmerkmalen ausgestattet worden war."[1]

So beginnt die 1989 erschienene Biographie „Innenansichten eines Artgenossen" und so beginnt das Leben des Mediziners, Wissenschaftlers und Publizisten Hoimar von Ditfurth, der zu einer der großen Persönlichkeiten der Nachkriegszeit werden sollte und eine ganze Generation von Lesern und Leserinnen mit seinen Büchern begeisterte und in ihrem Denken nachhaltig beeinflusste.

Nach dem Abitur am altsprachlichen Viktoria-Gymnasium in Potsdam („ein humanistisches Gymnasium strengster Observanz") studierte er Medizin, Psychologie und Philosophie an den Universitäten Berlin und Hamburg, wo er im Juli 1946 zum Dr. med. promovierte. Von 1948 bis 1960 war Hoimar von Ditfurth an der Würzburger Universitätsklinik beschäftigt. Dort habilitierte er sich und wurde Privatdozent für Psychiatrie und Neurologie. 1967 ernannte ihn die Universität Würzburg und 1968 die Universität Heidelberg zum außerordentlichen Professor der Medizinischen Fakultät.

Auf Grund von Problemen mit dem Würzburger Klinikdirektor und da ihm andere Universitäten keine Perspektive bieten konnten, wechselte Ditfurth 1960 in die Industrie (zum Pharmakonzern C. F. Boehringer in Mannheim) – ein Entschluss, der ihn nach eigener Aussage große Überwindung kostete – und war dort bis 1969 Leiter des sogenannten „Psycholabors" zur Entwicklung, bzw. klinischen Erprobung von Psychopharmaka.

In diese Zeit fiel auch seine Herausgeberschaft der Zeitschrift „n+m" („Naturwissenschaft und Medizin", von 1964 bis 1971), die

---

[1] Ditfurth: Innenansichten eines Artgenossen. S. 8

ab 1972 unter dem Namen „Mannheimer Forum" fortgeführt und von Ditfurth bis zu seinem Tode herausgegeben wurde.

1969 lehnte er das verlockende Angebot einer Führungsposition ab („es war der glücklichste Entschluss, den ich in meinem Leben, wenn auch unter Bangen, getroffen habe") und begann – fast fünfzigjährig – seine zweite Karriere als Dozent, Wissenschaftsjournalist und Moderator einer wissenschaftlichen Sendung („Querschnitte"), die von 1971 bis 1983 im ZDF zu sehen war und ihn einer breiten Öffentlichkeit bekannt machte.

1970 erschien sein erstes Buch „Kinder des Weltalls - Der Roman unserer Existenz", das so erfolgreich war, dass er im Folgenden die finanzielle Unabhängigkeit hatte, ein Leben als freier Autor zu führen.

Die wesentlichen Aspekte seines Denkens, die in all seinen Büchern eine Rolle spielen, lassen sich auf vier große Bereiche reduzieren:

1. Die Frage nach den Bedingungen menschlicher Erkenntnis, 2. Die Entstehung des Lebens und eng damit verbunden die Entstehung psychischer bzw. geistiger Phänomene und ihr Verhältnis zur Materie, 3. die Frage nach den ethischen Grundlagen unseres Handelns und nicht zuletzt 4. die Frage nach dem Ziel der Evolution – sollte es ein solches überhaupt geben.

Darüber hinaus ist es immer eines seiner großen Anliegen gewesen, den Dialog zwischen Theologie und Naturwissenschaft – die für ihn lediglich die Fortsetzung der Philosophie mit anderen Mitteln war – zu fördern. Dass er selbst ein gläubiger Mensch war, daraus hat er nie einen Hehl gemacht. Doch hat er es bis zuletzt vermieden, Gott als einen personalen Gott aufzufassen, da für ihn „das Reden von einem persönlichen Gott eine unzulässige Konkretisierung des Gottesbegriffs darstellt."[2]

Sein Gott war ein philosophischer Gott, eine transzendente Ebene, oder, wie er es in einem frühen Interview ausdrückte, „ir-

---

[2] Ditfurth: Innenansichten eines Artgenossen. S. 418

gendeine transzendente Instanz", die ihren „Daumenabdruck" auf allem Sein hinterlassen hat.[3]

Was Hoimar von Ditfurth vor vielen anderen seiner Zunft auszeichnete und noch immer auszeichnet, ist sein breit gefächertes Wissen und seine vielfältigen Interessen, die auf den ersten Blick so unterschiedliche Bereiche wie Naturwissenschaft, Theologie, Philosophie oder Literatur umfassen, seine Fähigkeit, komplizierte Sachverhalte auch für den Laien verständlich darzustellen, seine leidenschaftliche Sprache – mit einem gelegentlichen Hang zum Pathos – und nicht zuletzt ein für einen Wissenschaftler beinahe mystisches Grundgefühl, das alle seine Bücher unterschwellig bestimmt und auf einen Menschen schließen lässt, der weiß, dass allem Sein ein tiefes Geheimnis inne wohnt.

Seit den frühen 80er Jahren und besonders gegen Ende seines Lebens wurde Hoimar von Ditfurth immer mehr zum Mahner und Kritiker einer Gesellschaft, die militärisch hochgerüstet dem ökologischen Untergang entgegengeht.[4]

Er wäre heute, zwanzig Jahre nach seinem Tod am 1. November 1989, mit seinen Thesen aktueller denn je.

„Zur Verzweiflung jedoch gibt es keinen Grund. Sie wäre nur angebracht, wenn das absolute Nichts auf uns wartete. Das aber ist nicht der Fall."[5]

---

[3] Interview mit Heinrich Kalbfuß
[4] Vgl. Ditfurth: So laßt uns denn ein Apfelbäumchen pflanzen
[5] Ebd. S. 366

1. Der epistemologische Aspekt

Seit Beginn der Philosophie ist die Suche nach Erkenntnis eines ihrer zentralen Themen. Doch früh ahnte man, dass nur die Götter über wahres Wissen („episteme") verfügen und die Menschen lediglich Meinungen („doxa") haben und spätestens seit Karl Popper müssen wir uns damit abfinden, dass all unser Wissen nur Vermutungswissen ist und „unsere Situation [...] immer die eines schwarzen Mannes [ist], der in einem schwarzen Keller nach einem schwarzen Hut sucht, der vielleicht gar nicht dort ist."[6]

Der Begriff Erkenntnistheorie ist dagegen relativ neu und findet sich als eigenständiges Teilgebiet der Philosophie erst seit circa 1830. Die spekulativen Philosophien (Hegel, Schelling) waren zu dieser Zeit an ihr Ende gekommen und die aufstrebenden Naturwissenschaften pochten auf ihr Recht zur Erklärung der Welt. So ist es kein Wunder, dass in der Folge viele Philosophen zugleich auch Naturwissenschaftler waren und umgekehrt.

Die Aufgaben der klassischen Erkenntnistheorie, die heute immer mehr zur Wissenschaftstheorie geworden ist, lassen sich bestimmen als die „Untersuchung der Bedingungen, Möglichkeiten und Grenzen menschlicher Erkenntnis."[7]

Die „evolutionäre Erkenntnistheorie" (EE), um die es im folgenden gehen soll, und die bis zu einem gewissen Grade auch von Hoimar von Ditfurth vertreten wurde, geht auf die Theorien von Konrad Lorenz, Karl Popper, Gerhard Vollmer und Rupert Riedl zurück. Sie gehen „von der naturalistischen These aus, dass Erkennen eine Gehirnfunktion, Funktion einer biochemischen Maschine und als solche zugleich ein Ergebnis der biologischen Evolution ist."[8]

---

[6] Popper: Die erkenntnistheoretische Position der evolutionären Erkenntnistheorie.
In: Die evolutionäre Erkenntnistheorie. S. 35
[7] Gabriel: Grundprobleme der Erkenntnistheorie. S. 10
[8] Metzler Lexikon Philosophie. S. 154

Nicht zuletzt gründet diese Theorie auch auf einer kritischen Auseinandersetzung mit Immanuel Kants Philosophie des transzendentalen Idealismus.

Der Königsberger Philosoph versuchte in seiner „Kritik der reinen Vernunft" (1. Auflage 1781) eine Synthese von Empirismus und Rationalismus.

Der Streit dieser beiden philosophischen Richtungen ist nicht zuletzt ein Streit um Existenz oder Nichtexistenz angeborener Ideen bzw. angeborener Denkstrukturen.

> Wenn aber gleich alle unsere Erkenntnis mit der Erfahrung anhebt, so entspringt sie darum doch nicht eben alle aus der Erfahrung. Denn es könnte wohl sein, daß selbst unsere Erfahrungserkenntnis ein Zusammengesetztes aus dem sei, was wir durch Eindrücke empfangen, und dem, was unser eigenes Erkenntnisvermögen (durch sinnliche Eindrücke bloß veranlaßt) aus sich selbst hergibt, welchen Zusatz wir von jenem Grundstoffe nicht eher unterscheiden, als bis lange Übung uns darauf aufmerksam und zur Absonderung desselben geschickt gemacht hat.[9]

Kant geht demnach davon aus, dass wir über angeborene Strukturen verfügen, über ein Wissen vor aller Erfahrung („a priori"), das erst die Bedingung der Möglichkeit von Erfahrung, also erfahrungskonstitutiv ist. Als diese apriorischen Strukturen betrachtet Kant den Raum, die Zeit sowie die zwölf Kategorien. Auf die Frage, woher diese apriorischen Strukturen kommen, kann Kants Philosophie naturgemäß keine Antwort geben, weil diese Frage die Existenz des apriorischen Wissens bereits voraussetzt.

> Wie aber diese eigentümliche Eigenschaft unserer Sinnlichkeit selbst oder die unseres Verstandes und der ihm und allem Denken zum Grunde liegenden notwendigen Apperzeption möglich sei, läßt sich nicht weiter auflösen und beantworten, weil wir ihrer zu aller Beantwortung und zu allem Denken der Gegenstände immer wieder nötig haben.[10]

Kant musste also davon ausgehen, dass die Frage nach der Herkunft unseres angeborenen Wissens für alle Zeit unbeantwort-

---

[9] Kant: Kritik der reinen Vernunft. S. 45
[10] Kant: Prolegomena zu einer jeden künftigen Metaphysik. §36/S. 91

bar bleiben wird. Er stand demnach zum einem vor dem Problem, wie wir zu unserem apriorischen Wissen kommen und zum andern, wie es möglich ist, dass Erkenntnis- und Realkategorien aufeinander passen.

> Wollte man im mindesten daran zweifeln, daß beide *[die Anschauungsformen von Raum und Zeit, E.L.]* gar keine den Dingen an sich selbst, sondern nur bloße ihrem Verhältnisse zur Sinnlichkeit anhängende Bestimmungen sind, so möchte ich gerne wissen, wie man es möglich finden kann, a priori und also vor aller Bekanntschaft mit den Dingen, ehe sie nämlich uns gegeben sind, zu wissen, wie ihre Anschauung beschaffen sein müsse, welches doch hier der Fall mit Raum und Zeit ist.[11]

> Eine solche und zwar notwendige Übereinstimmung der Prinzipien möglicher Erfahrung mit den Gesetzen der Möglichkeit der Natur kann nur aus zweierlei Ursachen stattfinden: entweder diese Gesetze werden von der Natur vermittelst der Erfahrung entlehnt, oder umgekehrt, die Natur wird von den Gesetzen der Möglichkeit der Erfahrung überhaupt abgeleitet und ist mit der bloßen allgemeinen Gesetzmäßigkeit der letzteren völlig einerlei.[12]

Konrad Lorenz begründet diese Problematik damit, dass Kant – da die Evolutionstheorie noch nicht existierte – nicht wissen konnte, dass auch „der Bau des ´perceiving apparatus´ [des Erkenntnisapparates, E.L.] etwas mit der Wirklichkeit zu tun haben könnte."[13]

Im Anschluss an diese Fragestellungen veröffentlicht Konrad Lorenz 1941 in den „Blättern für deutsche Philosophie" in Heft 15 auf den Seiten 94 bis 125 seinen bahnbrechenden Aufsatz „Kants Lehre vom Apriorischen im Lichte gegenwärtiger Biologie." Lorenz vertritt hier die These – und wird damit zum eigentlichen Begründer der evolutionären Erkenntnistheorie – dass es sich beim Kantschen Apriori (das er ontogenetisch deutet) in Wahrheit um ein phylogenetisches Aposteriori handelt, das heißt um ein Wissen, das im Laufe der Evolution von der Art erworben wurde.

---

[11] Kant: Prolegomena zu einer jeden künftigen Metaphysik. §11/S. 42
[12] Ebd. §36/S. 92
[13] Lorenz: Die Rückseite des Spiegels. S. 19

> Wenn man nun die angeborenen Reaktionsweisen von untermenschlichen Organismen kennt, so liegt die Hypothese ungemein nahe, daß das „Apriorische" auf stammesgeschichtlich gewordenen, erblichen Differenzierungen des Zentralnervensystems beruht, die eben gattungsmäßig erworben sind und die erblichen Dispositionen, in gewissen Formen zu denken, bestimmen.[14]

Kant wird hier sozusagen rückwirkend zum Empiriker gemacht und dabei die fundamentale Tatsache ignoriert, dass Wahrnehmungswissen überhaupt nur möglich ist, wenn das erkennende Subjekt bereits über ein, wie auch immer geartetes, Vorwissen verfügt. Das heißt, jede Erkenntnis beginnt mit einem „Quentchen Metaphysik" (Rupert Riedl). Das ist natürlich insofern ein sinnloser Satz, da es ein „Quentchen Metaphysik" nicht geben kann. Metaphysik ist immer sofort die ganze Metaphysik. Popper hat die Problematik allerdings klar erkannt, wenn er schreibt:

> [D]aß das KANTsche, angeborene, apriorische Wissen ursprünglich Wahrnehmungswissen war, das uns angeboren ist, weil es uns von unseren Urahnen vererbt wurde, heißt, die ungeheuer wichtige KANTsche Grundeinsicht zu ignorieren, daß Wahrnehmungswissen ohne apriorisches Wissen unmöglich ist. In der Tat dürfen wir nicht einmal *versuchen,* das KANTsche apriorische Wissen durch Wahrnehmungswissen zu erklären. Es war KANTs bedeutendste Leistung zu zeigen, daß alles Wahrnehmungswissen ein apriorisches Wissen voraussetzt.[15]

Ditfurth, der maßgeblich von der erkenntnistheoretischen Position Konrad Lorenz' beeinflusst war, wenn er auch nicht sein ontologisches Konzept übernahm, hat diesen Ansatz leider in sein eigenes Denken integriert, ohne ihn weiter zu hinterfragen.

> [...] daß auch die von Kant herausgearbeiteten, a priori in unserem Denken verankerten Anschauungen und Strukturen in Wirklichkeit „a posteriori", nämlich durch konkrete Erfahrung mit der Welt, erworben wurden. [...]

---

[14] Lorenz: Kants Lehre vom Apriorischen im Lichte gegenwärtiger Biologie. S. 95
[15] Popper: Die erkenntnistheoretische Position der Evolutionären Erkenntnistheorie. In: Die evolutionäre Erkenntnistheorie. S. 29

> Das Apriori der Philosophen hat sich aus der Perspektive der Evolutionsforscher als ein Aposteriori der Stammesgeschichte erwiesen.[16]

Während Kant noch der Meinung war, dass wir über das „Ding an sich" nie etwas werden sagen können, da unsere Erkenntnisstrukturen nichts mit den realen Strukturen gemeinsam haben, nimmt die evolutionäre Erkenntnistheorie und mit ihr Ditfurth die Position des „hypothetischen Realismus" ein.

Dieser geht zum einen davon aus, das eine außersubjektive Realität existiert und behauptet zum anderen, dass sich unser Erkenntnisapparat – oder Weltbildapparat, wie es Konrad Lorenz nannte – in Auseinandersetzung mit der Umwelt entwickelt hat und somit eine „partielle Isomorphie" (Vollmer) zwischen Realität und Erkenntnis besteht. Unser Erkenntnisapparat hat sich dabei unter „mesokosmischen" (Vollmer) Bedingungen herausgebildet, so dass es unmöglich ist, uns Sachverhalte vorzustellen, die außerhalb dieser Bedingungen existieren, wie beispielsweise quantenphysikalische oder relativistische Effekte. So ist Gerhard Vollmer der Meinung, dass unser Erkenntnisapparat „jedenfalls nicht gänzlich „danebenliegen"[kann]; die Strukturen der Wahrnehmung, der Erfahrung, des Schließens, der wissenschaftlichen Erkenntnis können nicht völlig beliebig, zufällig oder restlos falsch sein, sondern müssen denen der Realität einigermaßen entsprechen."[17] Konrad Lorenz hatte ja bereits die gleiche Auffassung vertreten.

> Das reale Verhältnis zwischen dem An sich der Dinge und der speziellen ´apriorischen´ Form ihrer Erscheinung ist unserer Meinung nach dadurch gegeben, daß diese Form in der Jahrzehntausende währenden Entwicklungsgeschichte der Menschheit in der Auseinandersetzung mit den täglich begegnenden Gesetzlichkeiten des An sich Seienden a l s   e i n e   A n p a s s u n g   a n   d i e s e entstanden ist, die unserem Denken angeborenermaßen eine der Realität der Außenwelt weitgehend e n t - s p r e c h e n d e Strukturierung verliehen hat.[18]

---

[16] Ditfurth: So laßt uns denn ein Apfelbäumchen pflanzen. S. 305
[17] Vollmer: Evolutionäre Erkenntnistheorie. S. 119
[18] Lorenz: Kants Lehre vom Apriorischen im Lichte gegenwärtiger Biologie. S. 98

Obwohl dieser Standpunkt insofern nicht überzeugend ist, da immer nur Wahrnehmung mit Wahrnehmung und niemals Wahrnehmung mit realer Welt verglichen werden kann, schließt sich Ditfurth auch dieser Auffassung an.

> Jede Anpassung aber bildet einen Teil der realen Welt ab. [...] Und deshalb ist die in unserem Erkenntnisvermögen steckende Kausalkategorie in Wahrheit nichts anderes als ein Abbild der in der realen Welt tatsächlich herrschenden Ordnung. Sobald wir das Faktum der Evolution zur Kenntnis nehmen und uns selbst, unsere Art, in den Evolutionsprozeß einbeziehen, lösen sich alle Rätsel auf. Das Problem, vor dem selbst ein Kant hatte kapitulieren müssen, existiert nicht mehr.[19]

Er scheint aber im Gegensatz zu anderen Vertretern der evolutionären Erkenntnistheorie, allen voran Gerhard Vollmer, der sehr selbstbewusst mit der Frage umgeht, „wieviel" der Welt wir erkennen können, skeptischer zu sein im Hinblick auf Quantität und Qualität unserer Erkenntnis.

> Wir haben, erstens, angenommen, daß es außerhalb des Erlebens eine reale Außenwelt tatsächlich gibt. Wir stellten, zweitens, fest, daß das, was wir erleben, nicht ohne weiteres als reale Eigenschaft dieser Außenwelt anzusehen ist. Und schließlich hat sich auch bereits gezeigt, daß es allem Anschein nach reale Eigenschaften dieser von uns vorausgesetzten Außenwelt gibt, die wir [...] gar nicht wahrnehmen können.[20]

> Denn es ist zwar richtig, daß sich Naturwissenschaft um den Gewinn objektiver Wahrheit bemüht. Zu den Wahrheiten, die sie dabei bis heute an den Tag gebracht hat, gehört aber eben auch der aufsehenerregende Beweis, daß der Umfang der realen Welt den Horizont der uns auf unserem augenblicklichen Entwicklungsniveau zu Gebote stehenden Erkenntnis quantitativ und qualitativ um unvorstellbare Dimensionen überschreiten muß.[21]

> [...] daß die Welt, in der wir uns vorfinden, nicht so geschlossen sein kann, wie sie sich unserem Erleben präsentiert. Daß es sich bei ihr nur um einen relativ winzigen Ausschnitt aus einer – durchaus noch diesseiti-

---

[19] Ditfurth: Wir sind nicht nur von dieser Welt. S. 179
[20] Ebd. S. 155
[21] Ditfurth: Wir sind nicht nur von dieser Welt. S. 189

gen! – sehr viel größeren Wirklichkeit handeln kann, die den Horizont des uns Erfahrbaren, Denkbaren und Vorstellbaren prinzipiell überschreitet.[22]

Auch in einem seiner letzten, größeren Interviews mit Gero von Böhm im Jahre 1987 äußert er sich auf die Frage, wie nahe er der Realität gekommen ist, in ähnlicher Weise.

> Man kann der Wirklichkeit nicht nahe kommen. Man kann nur verhindern – und das halte ich für das einzig wirklich Erreichbare und für etwas, was viel, viel wichtiger ist als die meisten Menschen glauben – man kann sich Klarheit darüber verschaffen, wie wenig real ist, was wir im allgemeinen aus Gewohnheit die tägliche Realität nennen; wie wenig mit Wahrheit zu tun hat, was wir für wahr halten.[23]

Diese Auffassung Ditfurths, dass unsere erfahrbare Wirklichkeit noch von vielen, vielleicht unendlich vielen ontologischen Ebenen überlagert wird, deren Existenz für uns noch im transzendenten Bereich liegen, im Laufe der Evolution aber durchaus zu subjektiv erfahrbarer Wirklichkeit werden können, hat natürlich auch Kritik auf sich gezogen. Ein Beispiel ist der Teilhard de Chardin- Experte Günther Schiwy, der Ditfurth vorwirft, das menschliche Bewusstsein lediglich als etwas graduell vom tierischen Bewusstsein verschiedenes aufzufassen, während Schiwy der Meinung ist, „dass der Mensch heute schon zu der ihn auszeichnenden, absoluten Transzendenz fähig ist"[24] und die „prinzipielle Erreichbarkeit aller Dinge für den Menschen […] gegeben [ist] durch die radikale Offenheit seines geistigen Bewußtseins […]."[25]

Diese schrittweise Entwicklung des menschlichen Bewusstseins führt Ditfurth allerdings direkt zur Frage nach Transzendenz überhaupt und seinem Begriff der „weltimmanenten Transzendenz". Im Kapitel „Der metaphysische Aspekt" wird diese Seite seines Denkens noch ausführlicher beleuchtet werden.

---

[22] Ditfurth: Evolutionäres Weltbild und theologische Verkündigung. In: Unbegreifliche Realität. S. 258
[23] Ditfurth im Interview mit Gero von Boehm.
[24] Schiwy: Kommentar zu „Evolution und Transzendenz". In: Die evolutionäre Erkenntnistheorie. S. 270
[25] Ebd. S. 271

2. Der ontologische Aspekt

In der Geschichte der Philosophie bis heute lassen sich zwei grundsätzliche ontologische Ansätze ausmachen, die gerade bei Erklärungen der Leib-Seele bzw. Gehirn-Geist-Problematik eine fundamentale Rolle spielen: Monismus und Dualismus.

Die antiken Philosophen Aristoteles und Platon stehen bereits paradigmatisch für jeweils einen dieser Ansätze. Für Aristoteles besteht jedes Einzelding aus Stoff („hyle") und Form („morphe"). Stoff, Form und das aus beidem bestehende Einzelding nennt Aristoteles Substanz („ousia"). Nach seiner Auffassung ist „der lebende Körper [...] Substanz, und zwar [...] Substanz als das aus Stoff und Form zusammengesetzte. Aber der lebende Körper ist nicht die Seele. [S]ie ist die Form des Lebewesens – das, was dafür verantwortlich ist, dass dieses Wesen lebendig ist."[26] Die Seele kann demnach nicht unabhängig vom Körper existieren, „die Wesenheit nicht als etwas von den konkreten Seienden getrenntes aufgefaßt"[27] werden. Damit kann Aristoteles als Vertreter der monistischen Theorie gesehen werden.

Bei seinem Lehrer Platon stellt sich das Problem völlig anders dar. „Für ihn ist die Seele zwar das Prinzip des Lebens, aber darüber hinaus ein vom Körper verschiedenes Wesen, das das eigentliche Selbst des Menschen ausmacht, das von ganz anderer Natur ist als der Körper und das sich beim Tode vom Körper lösen kann, um dann ohne ihn weiterzuexistieren."[28] Damit ist Platon ein klarer Vertreter der dualistischen Theorie. Diese beiden gegensätzlichen Theorien trugen so bereits im fünften bzw. vierten vorchristlichen Jahrhundert den Keim für den „Universalienstreit" in sich, in dessen Verlauf sich Nominalisten und Realisten unversöhnlich gegenüber standen.

> Der Dualismus behauptet, dass der Geist etwas eigenständiges ist, das sich nicht auf physische Prozesse und Eigenschaften zurückführen lässt,

---

[26] Beckermann: Das Leib-Seele-Problem. S. 14
[27] Röd: Der Weg der Philosophie I. S. 157
[28] Beckermann: Das Leib-Seele-Problem. S. 11

dass geistige Eigenschaften, wie das Haben bestimmter Gefühle oder Gedanken, genauso wirklich sind wie körperliche Eigenschaften und dass sich diese beiden Arten von Eigenschaften unterscheiden. Die Grundidee des Monismus ist dagegen, dass der Geist eine Eigenschaft von komplexen materiellen Gebilden ist, die sich auf die körperlichen Eigenschaften der Teile dieser Gebilde und ihr Zusammenspiel zurückführen lässt, so dass, wenn diese Eigenschaften und ihr Zusammenspiel festliegen, auch die geistigen Eigenschaften des jeweiligen Organismus bestimmt sind.[29]

Der Monismus spaltet sich auf in den materiellen Monismus einerseits und den spirituellen Monismus andererseits. Der spirituelle Monismus – der heute kaum noch ernsthaft vertreten wird, allerdings auch nicht zu widerlegen ist – geht davon aus, dass sich alles auf den Geist zurück führen lässt und Materie nur in der Vorstellung Gottes existiert.

Der Hauptvertreter dieses Ansatzes ist der irische Philosoph George Berkeley (1685 – 1753). Nach Berkeley ist Sein wahrgenommen werden („esse est percipi") und an die Stelle der materiellen tritt bei Berkeley die geistige Substanz des göttlichen Bewusstseins.

Der materielle Monismus – der davon ausgeht, dass alles aus der Materie entsteht – ist gerade in den Naturwissenschaften weit verbreitet, was nicht weiter verwundert, da es ein fundamentales methodologisches Konzept der Naturwissenschaften ist, den Geist aus ihren Untersuchungen heraus zu halten.

So ist es gerade vor diesem Hintergrund umso erstaunlicher, dass Hoimar von Ditfurth, der einen großen Teil seines Lebens als Wissenschaftler tätig war sich – zumindest in seinen späteren Publikationen – eindeutig zum Dualismus bekannte.

So ist Ditfurth zwar maßgeblich durch das Werk von Konrad Lorenz, Gerhard Vollmer und Rupert Riedl beeinflusst, ohne aber ihr monistisches Konzept zu übernehmen, das den Geist aus der Materie hervorgehen lässt oder Geist und Materie als identisch erklärt, wie es die Identitätstheorie tut.

---

[29] Schröder: Einführung in die Philosophie des Geistes. S.10

Es existieren zwei Versionen dieser Theorie, die auf zwei verschiedene Ereignisbegriffe zurück gehen.
Da ist zum einen die „Token-Identitätstheorie", die unter anderem von Donald Davidson vertreten wird und zum andern die „Typ-Identitätstheorie", für die in erster Linie Herbert Feigl, Ullin Place, Jack Smart, David Armstrong sowie David Lewis stehen.

„Nach Davidson sind Ereignisse primitive Einzeldinge, von denen verschiedene Prädikate, mentale und körperliche, wahr sein können."[30] Das heißt, die Token-Identitätstheorie fordert für die „Identität eines mentalen und eines körperlichen Ereignisses nur […], dass dasselbe Ereignis, das eine mentale Eigenschaft hat, auch eine körperliche Eigenschaft hat. […] Sie behauptet lediglich, dass mentale und körperliche Eigenschaften von derselben Entität instanziiert werden. Sie sagt aber nichts über den Zusammenhang dieser Eigenschaften.[…] Die Typ-Identitätstheorie behauptet dagegen, dass mentale mit körperlichen Eigenschaften identisch sind, und trägt so dem Primat körperlicher Eigenschaften Rechnung. Denn alle kausal wirksamen Eigenschaften sollen körperliche Eigenschaften sein, aber nicht alle körperlichen Eigenschaften sollen geistige sein, d.h. es soll kein Panpsychismus gelten."[31]

> Wir sind überzeugt davon, daß alles, was sich in unserem subjektiven Erleben spiegelt, aufs engste mit objektiv erforschbaren physiologischen Vorgängen verflochten und auf ihnen begründet, ja mit ihnen in geheimnisvoller Weise identisch ist.[32]

Gerade diese Theorie hat Ditfurth mit aller Entschiedenheit abgelehnt, da er der Meinung war, dass deren Vertreter der Frage nach der Wechselwirkung von Geist und Materie lediglich mehr oder weniger elegant aus dem Weg gehen, anstatt sie zu lösen.

> Positive Argumente oder auch nur Indizien, die diesen gewaltigen Gewaltakt [*gemeint ist die Identitätstheorie, E.L.*] stützen können, gibt es nicht. Seine Attraktivität beruht einzig und allein auf der Tatsache, daß er

---
[30] Schröder: Einführung in die Philosophie des Geistes. S. 70
[31] Ebd. S. 70/71
[32] Lorenz: Die Rückseite des Spiegels. S. 13

das Kernproblem der klassischen Frage (nach der Art der Beziehung zwischen Leib und Seele) scheinbar verschwinden läßt [...].[33]

Dabei stützte er sich nicht zuletzt auf die Argumentation des Philosophen Hans Jonas, auf die hier aber nicht weiter eingegangen werden kann.[34]

Eine seiner wenigen monistische Äußerungen – zumindest in schriftlicher Form – geht auf das Ende der 60er Jahre zurück und wurde erstmals in dem Artikel „Was dem einen recht ist" in der Zeitschrift „n+m" („Naturwissenschaft und Medizin") veröffentlicht und erschien 1974 nochmals als Nachdruck in dem Buch „Zusammenhänge".

> Es ist unbezweifelbar, daß ich ein Bewußtsein habe. Dann aber muß es, je weiter nach „unten" ich die Entwicklung rückläufig verfolge, an jedem Punkt immer auch schon Vorstufen dieses Bewußtseins gegeben haben, ja dann muß dieses Bewußtsein in unendlich verdünnter Form grundsätzlich auch schon in den Elementarteilchen der Materie angelegt gewesen sein, denn sonst würde die gesuchte Grenze aus dieser Perspektive ja mit einem Male in aller Deutlichkeit sichtbar. Das Resultat unserer Bemühungen, den Geist aus der Materie abzuleiten, ist also die Entdeckung, daß die Materie ihrerseits geistige Qualitäten hat.[35]

Da dieser Standpunkt Geist und Bewusstsein zwar ebenfalls als übersummative Eigenschaften hoch integrierter materieller Strukturen auffasst, allerdings nicht im Sinne völlig neuer, „fulgurativ" (blitzartig) auftretender Systemeigenschaften, sondern vielmehr als ein immer deutlicheres In-Erscheinung-Treten des Geistes und des Bewusstseins als Eigenschaften komplexer Systeme, deren isolierte Bausteine bereits ihrerseits über geistige Qualitäten verfügen, lässt sich hier allerdings kaum von einem rein monistischen Ansatz sprechen. Vielmehr handelt es sich eher um ein panpsychistisches Konzept, da der Geist eben nicht aus der Materie hervorgeht, sondern wie die Materie selbst von Beginn an vorhanden war.

---

[33] Ditfurth: Kritische Anmerkungen zur monistischen Interpretation des Leib-Seele-Problems. In: Unbegreifliche Realität. S. 299
[34] Vgl. Hans Jonas: Macht oder Ohnmacht der Subjektivität
[35] Ditfurth: Zusammenhänge. S.10

Ungeachtet dessen, dass Hoimar von Ditfurth seine Auffassung zugunsten eines dualistischen Konzepts geändert hat, ist es nicht ganz einfach, ihn ontologisch in den Griff zu bekommen, da seine Aussagen zu diesem Problemkreis nicht immer konsistent sind.

In seinem 1976 veröffentlichten Buch „Der Geist fiel nicht vom Himmel" geht Ditfurth davon aus – und damit tendiert er ebenfalls zu einer monistischen Interpretation der Genese von Psychischem –, dass Geist eine Systemeigenschaft hoch komplexer Strukturen ist.

> Wenn man die Tatsache der chemischen und einer sich an diese Phase anschließenden biologischen Evolution anerkennt und voraussetzt, ebenso die Tatsache des Fortschreitens dieser Evolution zu immer komplizierteren Strukturen und Leistungen, dann erweist sich auch das Auftreten psychischer Phänomene im Verlaufe der biologischen Weiterentwicklung als unausbleibliches Ereignis.[36]

Dieser Gedanke geht nicht zuletzt auf Nicolai Hartmanns Kategorienlehre zurück, die auf dem Schichtenbau des Seienden beruht.[37] Hartmann geht von drei grundsätzlich verschiedenen Schichten im „Aufbau der realen Welt" aus: Die Schicht des Anorganischen, des Lebens sowie des Geistes, wobei jede Schicht neue, kategorial unterschiedliche Eigenschaften aufweist. Auch bei Teilhard de Chardin, dem französischen Jesuiten, Theologen und Paläontologen, auf den im Kapitel „Der metaphysische Aspekt" noch näher eingegangen wird, findet sich bereits der gleiche Gedanke.

> [...] weshalb soll man nicht als Prinzip setzen, daß das Bewußtsein die besondere und spezifische Eigenschaft der angeordneten Zustände der Materie ist?[38]

Und weiter heißt es bei Ditfurth, dass „wir – aus geistesgeschichtlich leicht rekonstruierbaren Gründen – die Materie jahrhun-

---

[36] Ditfurth: Der Geist fiel nicht vom Himmel. S.12
[37] Vgl. Hartmann: Der Aufbau der realen Welt.
Grundriß der allgemeinen Kategorienlehre
[38] Teilhard de Chardin: Mein Weltbild. S.13

dertelang in groteskem Maß unterschätzt haben."[39] Dass kann kaum etwas anderes bedeuten, als dass Materie die Fähigkeit Geistiges zu schaffen zumindest der Potenz nach in sich trägt.

Wenn er an anderer Stelle Carl Friedrich von Weizsäcker mit den Worten zitiert „daß die Materie, welche wir nur noch als dasjenige definieren können, was den Gesetzen der Physik genügt, vielleicht der Geist ist, insofern er sich der Objektivierung fügt",[40] hegt er doch zumindest starke Sympathien für monistische Erklärungsversuche.

Dreihundert Seiten weiter stellt sich das Problem plötzlich ganz anders dar und Ditfurth zeigt sich als lupenreiner Substanzdualist. Das Gehirn – also eine materielle Struktur – wird jetzt nicht mehr als Ursache geistiger Prozesse gesehen, sondern umgekehrt wird eine, wie auch immer geartete, geistige Ebene zur Ursache der Entstehung komplexer materieller Strukturen, in diesem Fall des Gehirns.

> Deshalb dürfen wir auch vermuten, daß unser Gehirn ein Beweis ist für die reale Existenz einer von der materiellen Ebene unabhängigen Dimension des Geistes.[41]

> Die Evolution hat vielmehr unser Gehirn und unser Bewußtsein allein deshalb hervorbringen können, weil ihr die reale Existenz dessen, was wir mit dem Wort Geist meinen, die Möglichkeit gegeben hat, in unserem Kopf ein Organ entstehen zu lassen, das über die Fähigkeit verfügt, die materielle mit dieser geistigen Dimension zu verknüpfen.[42]

In einem Vortrag von 1982 heißt es dann sogar: „Es ist keine Schande, den Geist aus der Materie hervorgehen zu lassen, es ist einfach nur falsch, wie mir scheint."[43] Und in einem 1984 an der Universität Gießen gehaltenen Vortrag – 1987 abgedruckt in „Unbegreifliche Realität" – formuliert er noch zugespitzter: „Für den

---

[39] Ditfurth: Der Geist fiel nicht vom Himmel. S.13
[40] Weizsäcker: Die Einheit der Natur. S. 289
[41] Ditfurth: Der Geist fiel nicht vom Himmel. S. 318
[42] Ditfurth: Der Geist fiel nicht vom Himmel. S. 318
[43] Ditfurth: Materie und Geist. In: Die Sterne leuchten, auch wenn wir sie nicht sehen. S.106

Monismus, soviel darf man meiner Überzeugung nach feststellen, spricht in Wirklichkeit nicht ein einziges positives Argument."[44]

Während Ditfurth in seinen ersten Publikationen also einen monistischen Standpunkt vertritt, tendiert er im folgenden hin zum Dualismus, ohne sich aber gänzlich vom monistischen Ansatz zu trennen, um in seinen letzten Werken und Vorträgen einen interaktionistisch-substanzdualistischen, geradezu platonischen Ansatz zu vertreten, denn im selben Vortrag vergleicht er die Beziehung zwischen Gehirn und Geist mit der Beziehung, die zwischen der Musik und dem sie erzeugenden Instrument besteht.

> So wie ich – aktiv als Spieler oder passiv als Zuhörer – von der Vermittlung durch das Instrument abhängig bin, um Zugang zu der Welt zu erlangen, in der Musik objektiv existiert – oder, wenn ich Partituren „lesen" kann, von ihrer physischen Repräsentation durch eine Notenschrift – , bin ich in durchaus analoger Weise auch auf die Vermittlung durch ein lebendes Gehirn angewiesen, um teilhaben zu können an der Welt, in welcher der objektive Geist existiert.[45]

> Jedenfalls erscheint mir die Vermutung zulässig, daß der besondere und eigentümliche Charakter musikalischen Genusses damit zusammenhängen könnte, daß er uns einen Widerschein der Strukturen jener eigentlichen „Welt an sich" erleben läßt, die wir hinter dem unvollkommenen Abbild des von uns erlebten Augenscheins als dessen Original anzunehmen haben, jener Welt, in welcher auch der „objektive Geist" angesiedelt ist, dem wir es nach dualistischer Auffassung verdanken, daß wir ein Bewußtsein haben.[46]

Ditfurth bleibt demnach – zumindest die letzten zwanzig Jahre seines Lebens – in seiner Haltung zum Leib-Seele-Problem gespalten, was ihm verständlicherweise auch Kritik eingebracht hat.[47] Ein kurzer Abschnitt aus dem bereits oben erwähnten Vortrag soll sein ontologisches Dilemma nochmals verdeutlichen.

---

[44] Ditfurth: Kritische Anmerkungen zur monistischen Interpretation des Leib-Seele-Problems. In: Unbegreifliche Realität. S. 304
[45] Ebd. S. 310
[46] Ebd. S. 311
[47] Vgl. Josef Brechtken: Evolution und Transzendenz. S. 60ff

> Hans Mohr hat das Dilemma treffend zusammengefaßt: Als vernunftbegabte Wesen müßten wir, so sagt er, an die monistische und die dualistische Interpretation in einem gewissen Sinne zugleich glauben, denn wir könnten die Vorstellung sittlicher Freiheit für die Ethik ebensowenig aufgeben wie die der kausalen Notwendigkeit für die Wissenschaft. Wir hätten als Wissenschaftler mit der Überzeugung zu leben, daß die Subjektivität ihrem Wesen nach fiktiv und ihrem Vermögen nach ohnmächtig sei (Mohr zitiert hier Hans Jonas), obwohl wir als moralische Subjekte gleichzeitig an Freiheit, an Verantwortung und Kreativität glauben und damit eine Intervention des Geistes in die Vorgänge der Materie voraussetzen.[48]

Nimmt man abschließend noch einen kurzen Text aus seinem Buch „Wir sind nicht nur von dieser Welt" (1981) zur Kenntnis, dann ist die Verwirrung perfekt. Denn hier äußert sich Ditfurth plötzlich in einer Weise, die stark an Spinoza erinnert.

> Wir dürfen, vom evolutionären Standpunkt aus, daher wiederum die Vermutung äußern, daß auf einer der unserer eigenen übergeordneten ontologischen Ebenen eine Gegebenheit vorliegt, deren Auswirkungen sich innerhalb der uns erkennbaren Welt als Materie und als Geist bemerkbar machen [...][49]

Baruch de Spinoza (1632 – 1677) war der Überzeugung, dass es eine Substanz gibt, die ewig, unendlich und aus sich selbst existierend ist. „Spinoza meint mit diesem Begriff das Eine oder Unendliche, das unter oder hinter allen Dingen steht, das alles Sein in sich vereinigt und begreift."[50] Ausdehnung (Grundmodi: Gestalt und Bewegung) und Denkung (Grundmodi: Idee, Willensakt) sind lediglich Attribute dieser Substanz.

> „Alles, was ist, ist in Gott, und nichts kann ohne Gott sein, noch begriffen werden. B e w e i s: Außer Gott gibt es keine Substanz und kann keine gedacht werden [...], d.h. [...] kein Ding, das in sich und durch sich begriffen würde. Die Daseinsformen aber können [...] ohne Substanz weder sein noch begriffen werden; sie können somit nur in der göttlichen Natur sein und durch sie allein begriffen werden.

---

[48] Ditfurth: Kritische Anmerkungen zur monistischen Interpretation des Leib-Seele-Problems. In: Unbegreifliche Realität. S. 300
[49] Ditfurth: Wir sind nicht nur von dieser Welt. S. 250
[50] Störig: Kleine Weltgeschichte der Philosophie. S. 371

Nun gibt es außer Substanzen und Daseinsformen nichts [...]; folglich kann ohne Gott nichts sein, noch begriffen werden."[51]

Das, was bei Spinoza Gott ist, taucht bei Ditfurth als „übergeordnete ontologische Ebene" auf. Was sonst, wenn nicht Gott, sollte Ditfurth damit gemeint haben. Damit allerdings bewegt sich Ditfurth plötzlich auf pantheistischem Boden. Eine Behauptung, der er sicher nicht zugestimmt hätte.

So entspringt Ditfurths gelegentlich unklare Haltung zur Leib-Seele-Problematik und zu verwandten Fragestellungen wohl weniger einer Unklarheit im Denken, als vielmehr der intellektuellen Redlichkeit eines Wissenschaftlers, der spürt, dass sowohl der eine, wie auch der andere Erklärungsversuch zu kurz greift.

So gespalten Ditfurth bei seinen Versuchen ist, den Hiatus zwischen Materie und Geist zu erklären, so eindeutig sind seine Erläuterungen, die die scheinbar unüberbrückbare Kluft zwischen unbelebter und belebter Materie betreffen.

Während Ditfurth folglich der Meinung war, dass „[d]ie Natur [...] nur deshalb nicht bloß Leben, sondern schließlich auch Gehirne und zuletzt unser menschliches Bewußtsein hervorbringen [konnte], weil es Geist, Phantasie und Zielstrebigkeit in dieser Welt schon immer gegeben hat, vom ersten Augenblick ihres Bestehens an"[52], war für ihn die Entstehung des Lebens eine Systemeigenschaft materieller Strukturen.

„Leben" ist für den Naturwissenschaftler eine bei materiellen Systemen eines hinreichend hohen Komplexitätsgrades unter bestimmten Umständen neu auftretende Systemeigenschaft. Es ist die beste Antwort auf die Frage nach dem Zusammenhang von Materie und Leben, über die wir verfügen.[53]

[...] daß die Materie unter dem Einfluß der Naturgesetze nicht nur Sonnen- und Milchstraßensysteme, sondern auch lebende Strukturen hervorbringen mußte.

---

[51] Spinoza: Die Ethik. IV/S.14
[52] Ditfurth: Im Anfang war der Wasserstoff. S.14
[53] Ditfurth: Materie und Geist. In: Die Sterne leuchten, auch wenn wir sie nicht sehen. S.105

> So, wie die Naturgesetze sind, und so, wie die Materie beschaffen ist, war die Entstehung von Leben – genügend große Zeiträume vorausgesetzt – nicht nur wahrscheinlich, sie war unausbleiblich.[54]

Mit dieser Ansicht liegt er wiederum ganz auf der Linie mit Lorenz, Vollmer oder auch Carsten Bresch.

> Auf jeder Stufe der Bausteinzusammenfassung entstanden neue Musterganzheiten mit neuen Eigenschaften.[55]

> Leben, Bewußtsein, Erkenntnisfähigkeit sind nämlich Systemeigenschaften und nur als solche verständlich.[56]

Diese *ontologische Inkonsequenz*, die Entstehung des Lebens monistisch zu erklären, während für die Entstehung des Geistes ein dualistisches Konzept herhalten muss, rechtfertig Ditfurth durch zwei Argumente.

Zum einen beharrt er darauf, dass das Leben sich nach wie vor in der räumlichen Dimension abspielt, während es ja gerade ein Kennzeichen des Geistes ist, diese räumliche Dimension zu verlassen.

> Welche Eigenschaft bei diesen früheren Gelegenheiten auch immer neu auftauchte, sie blieb stets innerhalb der materiell räumlichen Dimension. Hier aber soll ja gerade jenes einzigartige, uns nur als subjektive Selbsterfahrung zugängliche, unlokalisierbare und unräumliche Phänomen erklärt werden, das sich – erstmals! – mit keiner empirischen Methode fassen läßt.[57]

Zum anderen weist er darauf hin, dass Leben sehr wohl fulgurativ entstanden sein kann, wie es Konrad Lorenz formuliert hat, denn „[es] gibt keine unterschiedlichen Grade von ´Lebendigkeit´, […] aber es gibt ganz unbestreitbar sehr unterschiedliche und, wie mir scheint, sogar unbegrenzt viele Grade von Bewußtheit."[58]

---

[54] Ditfurth: Der Geist fiel nicht vom Himmel. S.12
[55] Bresch: Zwischenstufe Leben. S. 99
[56] Vollmer: Evolutionäre Erkenntnistheorie. S. 82
[57] Ditfurth: Wir sind nicht nur von dieser Welt. S. 256
[58] Ditfurth: Kritische Anmerkungen zur monistischen Interpretation des

Die Qualität des Bewußtseins ist in der Wirklichkeit der Natur nicht in der Form eines „Sprungs" aufgetaucht. Sie hat sich, ganz im Gegenteil, von schwächsten Ausprägungen ausgehend, im Ablauf mindestens einer Jahrmilliarde in einer stetigen Entwicklung von geradezu quälender Langsamkeit (jedenfalls bei Anlegung unseres subjektiven Zeitmaßstabs) immer weiter fortentwickelt.[59]

Trotz dieser Erklärungs- oder nennen wir sie Rechtfertigungsversuche, sind seine Argumente an dieser Stelle wenig überzeugend. Wenn man sich als Dualisten bezeichnet, also davon ausgeht, dass eine geistige Kraft – wie immer diese auch beschaffen sein mag – von außen auf die Materie einwirkt, dann ist es schwierig, um nicht zu sagen unmöglich, zu erklären, warum diese Kraft nicht auch bei der Entstehung des Lebens „ihre Hände mit im Spiel" gehabt haben könnte.

Nichts anderes haben ja die Vitalisten (die Ditfurth mit aller sprachlichen Härte bekämpft hat)[60] bei der Frage nach der Entstehung des Lebens behauptet. Bei Henri Bergson war es die „Lebenskraft" („élan vital"), bei Hans Driesch die „Entelechie", die „Demiurgische Intelligenz" bei J.G. Bennet, oder der „Punkt Omega" bei Teilhard de Chardin.

Leib-Seele-Problems. In: Unbegreifliche Realität. S. 303
[59] Ditfurth: Kritische Anmerkungen zur monistischen Interpretation des Leib-Seele-Problems. In: Unbegreifliche Realität. S. 303
[60] Vgl. Ditfurth: Wir sind nicht nur von dieser Welt. S.77/S. 311

3. Der ethische und ökologische Aspekt

Obwohl Hoimar von Ditfurth, wie gezeigt, ein Vertreter der evolutionären Erkenntnistheorie war, hat er sich praktisch nicht zum Konzept der evolutionären Ethik geäußert. Das mag seinen Grund unter anderem auch darin haben, dass die evolutionäre Ethik erst in der zweiten Hälfte der 80er Jahre von Hans Mohr, Rupert Riedl, Gerhard Vollmer und Franz M. Wuketits explizit ausgearbeitet wurde, also wesentlich später als die evolutionäre Erkenntnistheorie.

Als einen Vorläufer der evolutionären Ethik lässt sich bereits Herbert Spencer nennen, der im 9. und 10. Buch seines großangelegten Werks „A System of Synthetic Philosophy" (1862 – 1892) „Darwins Lehren von der Variabilität der Arten und des Mechanismus der natürlichen Auslese für die Rekonstruktion der sozialen Evolution fruchtbar zu machen suchte, indem er die moralischen Normensysteme als Ausdruck der Anpassung an die jeweiligen sozialen Gegebenheiten interpretierte."[61]

Konrad Lorenz folgte – ungefähr einhundert Jahre später – bereits einem sehr reduktionistischen Ansatz, wenn er behauptet, dass „die Moral `nur´ ein K o m p e n s a t i o n s m e c h a n i s m u s ist, der unsere Ausstattung mit Instinkten an die Anforderungen des Kulturlebens anpaßt und m i t i h n e n e i n e f u n k t i o n e l l e S y s t e m g a n z h e i t b i l d et."[62]

Die Entstehung von Normen und Werten ist demnach dem Selektionsvorteils geschuldet, den moralisches Verhalten innerhalb der Gruppe mit sich brachte.

Gerade Konrad Lorenz´ höchst umstrittene Rolle während des Dritten Reiches zeigt, dass eine Ethik, die meint sich aus der Natur ableiten zu können, immer auch in Gefahr ist, im Sinne einer sozialdarwinistischen Doktrin missbraucht zu werden.[63]

---

[61] Pieper: Einführung in die Ethik. S. 219
[62] Lorenz: Das sogenannte Böse. S. 365
[63] Vgl. Interview mit Jules Huf

Allerdings darf an dieser Stelle nicht verschwiegen werden, dass der Begriff des „Sozialdarwinismus" eine unangemessene und Darwin rückwirkend diskreditierende Bezeichnung ist, da Darwin der Meinung war, dass die Vernachlässigung der Kranken und Schwachen eine Zersetzung des „edelsten Teils unserer Natur" zur Folge hätte. „Mit seinem Plädoyer für die Kultivierung des moralischen Sinns spielt er die Ethik gegen die Vorstellung aus, den evolutionären Mechanismus des `survival of the fittest` zur Richtschnur menschlichen Handelns zu machen."[64]

Wie Charles Darwin so hätte auch Ditfurth auf Grund seines christlichen Selbstverständnisses eine Ethik dieser naturalistischen Observanz wohl abgelehnt.

In einem Aufsatz aus dem Jahre 1966[65] kommt seine ablehnende Haltung gegenüber sozialdarwinistischen Tendenzen innerhalb der Naturwissenschaften klar zum Ausdruck. Er schreibt dort über ein Symposion, das 1962 in London stattfand und auf dem sich ein kleiner Kreis bedeutender Wissenschaftler mit der biologischen Zukunft der Menschheit befasste. Das Thema dieses Symposions war die Angst vor einer „globalen Qualitätsminderung des menschlichen Erbguts" durch den zivilisationsbedingten Wegfall selektiver Mechanismen. Die Vorschläge zur Verhinderung dieses genetischen Verfalls waren zum Teil sehr radikal und gipfelten in der Forderung „dem einzelnen das Recht zu bestreiten, mit einem nach subjektiven Gesichtspunkten ausgewählten Ehepartner nach Belieben Kinder in die Welt zu setzen." Ditfurths Antwort auf solche Absurditäten war, „dass es als makaber bezeichnet werden muss, daß vielleicht noch nie zuvor auf einer Tagung so brillante Wissenschaftler mit so gescheiten Argumenten aus falschen Voraussetzungen so unsinnige Schlüsse gezogen haben. [...] Nein, wenn das Risiko [der Weitergabe qualitativ schlechterer Gene, E.L.] überhaupt besteht, dann haben fast alle von uns daran teil. Denn ohne Penicillin, ohne die Möglichkeit, einen Blinddarm oder einen vereiterten Zahn zu entfernen, und ohne Impfschutz hätten auch

---

[64] Handbuch Ethik. S. 348
[65] Ditfurth: Wurzel aller Eugenik. In: Die Wirklichkeit des Homo Sapiens. S. 126 ff.

von uns nur die biologisch `Tüchtigsten´ überlebt – ein sehr kleiner Prozentsatz!"[66]

Ohne evolutionäre Ethik und Sozialdarwinismus gleichsetzen zu wollen (die Grenzen sind allerdings oft fließend), finden sich bei Ditfurth noch zwei weitere eindeutige Aussagen zu diesem Thema.

Wer aber das Wort vom "Überleben des Tüchtigsten" in diesem Sinne wortwörtlich nimmt und als eine für alles Leben, auch gesellschaftliches "Leben", gültige Offenbarung der Natur mißversteht, ist im Handumdrehen beim "Recht" des Stärkeren. Von da ist es dann nicht mehr weit bis zum Begriff des "lebensunwerten" Lebens, das eben darum kein Recht auf Leben mehr habe. Oder zu der Annahme grundsätzlicher Wertunterschiede zwischen menschlichen Rassen, Kulturen oder Nationen. Alle diese Interpretationen und Schlußfolgerungen liefern letztlich einen von der Natur scheinbar legitimierten Maßstab von "Werten", in deren Umfeld sittliche Normen und moralische Schranken sich leicht als Ausdruck sentimentaler Realitätsfremdheit, wenn nicht gar als Ausdruck von Feigheit verleumden lassen.[67]

Der "Sozialdarwinist" projiziert seine Vorurteile (Chauvinismus, Überfremdungsängste, Abscheu gegenüber Behinderten usw.) auf die Natur, um seine Einstellung durch die in ihr angeblich herrschenden Gesetze vor seinem Gewissen rechtfertigen zu können. Sofern er seine Einstellung später korrigiert, unterliegt er der Gefahr, der Natur oder einer bestimmten naturwissenschaftlichen Lehre die nunmehr von ihm abgelehnten "Gesetze" anzukreiden, die er in Wirklichkeit zuvor selbst in sie hineinprojiziert hat ("Rückprojektion").[68]

Bereits George Edward Moore hat darauf aufmerksam gemacht, dass man einen „naturalistischen Fehlschluss" begeht, „wenn man versucht, das Prädikat `gut´ auf naturwissenschaftliche Begriffe zu reduzieren, was nach Moore identisch [wäre] mit dem Versuch, die Eigenschaft des (ethischen) Gutseins zu identifizieren mit einer naturalen Eigenschaft."[69]

---

[66] Ebd. S. 128/129
[67] Ditfurth: Wir sind nicht nur von dieser Welt. S. 117
[68] Ditfurth: Innenansichten eines Artgenossen. S. 112
[69] Quante: Einführung in die allgemeine Ethik. S. 123

Eine ähnliche These hat bereits David Hume aufgestellt (bekannt geworden als „Humes Gesetz"), der behauptet, dass aus rein deskriptiven Ist-Aussagen keine Soll-Aussagen ableitbar sind. „Wenn man von einer Menge von rein deskriptiven Ist-Aussagen auf eine Wert- oder Sollaussage übergehen will, benötigt man stets mindestens eine Aussage, die nicht rein deskriptiv ist."[70]

Ditfurths Ethik, ist also weniger evolutionär begründet, als vielmehr eine Ethik, die aufs engste mit Fragen der Ökologie verknüpft ist. Seine Thesen sind – auch aus einem Abstand von zwanzig Jahren betrachtet – immer noch, leider, hoch aktuell.

Wenn er überhaupt eine ethische Forderung aus dem sich seit circa dreizehn Milliarden Jahren abspielenden Evolutionsprozesses ableitet, dann ist es die Minimalforderung, den Strom des Lebens nicht abreißen zu lassen.

> Wir haben nicht so etwas wie eine Überlebensgarantie. Es obliegt unserer alleinigen Verantwortung, ob wir an dieser Geschichte weiter teilnehmen – ob wir unsere verantwortliche Aufgabe als Übergangsglieder, die zumindest die Pflicht haben, die moralische Verpflichtung haben, dafür zu sorgen, dass diese Kette hier auf der Erde nicht abreißt, ob wir der gerecht werden. Wir haben die Freiheit gegen diese Pflichten und Aufgaben zu verstoßen, wir haben die Möglichkeit – die ist ja inzwischen sehr konkret geworden in den letzten Jahrzehnten – uns selbst auszurotten. Damit würde die Geschichte insgesamt nicht Schaden leiden, dazu ist der Kosmos zu groß. Wir sind sicher nicht die einzigen auf die die Schöpfung, die Evolution oder wenn ich das mal sagen darf, auf die der Schöpfer dieses ganzen Universums gesetzt hat. Sicher nicht die einzigen.[71]

Diese auf den ersten Blick bescheidene Forderung entpuppt sich allerdings bei näherer Betrachtung als die alles entscheidende Frage der Menschheit, denn hier werden zentrale Probleme der Menschheit berührt (Umweltzerstörung, Überbevölkerung, Aufrüstung, Ernährung, etc.).

Da menschliches Handeln in natürliche Abläufe, sie verändernd, eingreift, so muss vor dem Hintergrund des Ditfurthschen eschato-

---

[70] Ebd. S. 122
[71] Ditfurth: Interview mit Wolfgang Korruhn

logischen Evolutionskonzepts alles Handeln darauf hin befragt werden, in wie weit es der Vollendung des Entwicklungsprozesses dient.

> Wenn menschliches Handeln weltliche Abläufe zu beeinflussen vermag, die als Abläufe im Rahmen einer sich vollendenden Schöpfung anzusehen sind, dann ist dieses Handeln von vornherein einem unbefragbaren Wertmaßstab unterworfen: Es muß sich in jedem Augenblick an der Frage messen lassen, ob es dem der Vollendung der Welt zustrebenden Ablauf der Dinge im Wege steht oder zu ihm beiträgt.[72]

Schon sehr früh hat sich Hoimar von Ditfurth für ökologische und politische Fragestellungen interessiert und darüber geschrieben. Sein Schwerpunkt – auch in seinen Büchern – lag aber noch auf anderen Gebieten. Mit Beginn der 80er Jahre sollte sich das ändern, nicht zuletzt auch durch den Einfluss seiner Kinder. Hier ist wohl vor allem Jutta Ditfurth zu nennen, eine Mitbegründerin der „Grünen", die die Partei 1991 aus Protest gegen eine ihrer Meinung nach zunehmend rechte Ausrichtung verlies.

In dieser Partei engagierte sich auch Hoimar von Ditfurth und veröffentlichte 1985 sein Buch „So laßt uns denn ein Apfelbäumchen pflanzen", in dem er vehement auf die Gefahren durch Umweltzerstörung und atomare Aufrüstung hinwies.

> Wenn es uns nicht gelingt, unser gesellschaftliches Verhalten radikal zu ändern, gibt es niemanden, der uns retten könnte. Die expansive, aggressive, spezies-egoistische Art unseres Umgangs mit der uns ausgelieferten übrigen lebenden Natur ist für den Erfolg in unserer ganzen bisherigen Geschichte ausschlaggebend gewesen. […] Die unsere Lernfähigkeit auf das äußerste strapazierende Lektion, die wir zu absolvieren haben, besteht nun aber in der Einsicht, daß genau das, was einige hunderttausend Jahre lang unbestreitbar Voraussetzung unseres Überlebenserfolgs gewesen ist, von Stund an als Ursache drohenden Aussterbens zu gelten hat.[73]

---

[72] Ditfurth: Wir sind nicht nur von dieser Welt. S. 146
[73] Ditfurth: So laßt uns denn ein Apfelbäumchen pflanzen. S. 227

Ditfurth geht es hier nicht um die Abschaffung der freien Marktwirtschaft und er betont ausdrücklich, dass das „Verschwinden von Hungersnöten und Massenelend, vor kaum mehr als hundert Jahren auch in unserem Kulturkreis noch schicksalhaft hingenommene ʻMenschheitsgeißelnʻ, [...] vielleicht [der] wichtigste, von vielen schon vergessene Erfolg [ist], den wir diesem Wirtschaftsprinzip verdanken."[74] Genauso ausdrücklich weist er aber auch darauf hin „daß die freie Entfaltung dieser ʻmarktwirtschaftlichen Intelligenzʻ mit der Zunahme ihres Einflußbereichs zunehmend auch verheerende Konsequenzen für ökologische Zusammenhänge mit sich bringt."[75]

Ein Grund für diese „verheerenden Konsequenzen für ökologische Zusammenhänge" liegt für Ditfurth in der Tatsache begründet, dass die Natur innerhalb dieses Wirtschaftssystems gleichsam rechtlos ist.

> Unsere marktwirtschaftlich organisierte Gesellschaft betrachte die Natur gewissermaßen als „vogelfrei".
> Die Folge dieser Einstellung aber ist ganz unvermeidlich die Tendenz, der Natur zum eigenen Vorteil soweit irgend möglich mehr zu entnehmen, als ihr zurückgegeben wird. [...] Im Endeffekt führt das unweigerlich zu der allen wirtschaftlichen Entscheidungen immanenten Tendenz „interne Kosten zu externalisieren" [...] Es führt auf deutsch gesagt, dazu, Kosten nur in dem Umfang in die Rechnung einzubeziehen, in dem sie sich nicht abwälzen lassen.[76]

Ditfurth betont an dieser Stelle, dass es sich bei dieser Art des Wirtschaftens um eine „Rationalitätenfalle" handelt und greift dabei auf einen Begriff des Kieler Wirtschaftswissenschaftlers Gerhard Prosi zurück. Das heißt, wer Kosten externalisiert trifft eine scheinbar rationale Entscheidung in Hinblick auf die unmittelbaren Folgen für den Handelnden selbst. Früher oder später – und das ist die Falle – wird er aber von den schädlichen Auswirkungen seines quasirationalen Handelns betroffen sein, denn auch er muss das

---

[74] Ebd. S. 229
[75] Ebd. S. 230
[76] Ebd. S. 231

Wasser trinken oder die Luft atmen, die er durch sein Handeln zuvor verschmutzt hat.

Dass die Forderung, endlich die Kosten für den Verbrauch der Natur in die Haushaltsführung mit einzubeziehen, immer noch hoch aktuell ist zeigt ein aktuelles Beispiel.
In seinem 2008 erschienenen Buch „Biokapital" schreibt Andreas Weber – ein Vertreter der schöpferischen Ökologie und ökologischen Ökonomie:[77]

> Das Wachstum der Wirtschaft in den vergangenen Jahrhunderten und besonders in den letzten Jahrzehnten wurde zu großen Teilen durch den Ausverkauf dieser kostenlos angebotenen Lebensleistungen finanziert. Ihre Verluste haben sich bislang in keiner Bilanz niedergeschlagen.[78]

Die Lösung dieses Problems kann also nur gelingen, wenn externe Kosten internalisiert werden. An dieser Stelle zitiert Ditfurth Gerhard Prosi:

> In einer freiheitlichen Gesellschaft ist es Aufgabe des Staates, externe Kosten wirtschaftlichen Handelns den Verursachern aufzubürden, das heißt, externe Kosten in interne Kosten umzuwandeln, damit sie in den freiwilligen einzelwirtschaftlichen Entscheidungen berücksichtigt werden müssen. Entscheidungsfreiheit ohne Verantwortung für die Folgen, wie es bisher im Umweltbereich üblich war, führt zu verantwortungslosem Verhalten und letztlich in die ökonomische (!) Katastrophe.[79]

Natürlich weiß Ditfurth, dass gerade die ärmeren Länder keine Möglichkeit haben externe Folgekosten zu internalisieren und fragt sich „welche Umstände es eigentlich sind, die sie zuallererst in diese Situation gebracht haben[...], eine Lage, in der eine rücksichtslose `Kostenexternalisierung´ zum schlichten Akt der Notwehr geworden ist [?]"[80]

---

[77] Wer sich intensiver mit Fragen der ökologischen Ökonomik beschäftigen will, dem sei an dieser Stelle das Buch „Die Plünderung der Erde" (Verlag für Sozialökonomie) von Dirk Löhr empfohlen.
[78] Weber: Biokapital. S. 17
[79] Zitiert nach Ditfurth: So laßt uns denn ein Apfelbäumchen pflanzen. S. 236
[80] Ebd. S. 245

Für diese Umstände macht er zu großen Teilen die reichen, westlichen Nationen verantwortlich.

> Das Prinzip der „Kostenexternalisierung", Erfolgsrezept unserer freiheitlichen Wirtschaftsordnung, führt gleichsam selbsttätig zur Ausplünderung der Entwicklungsländer.
> Indem wir auch ihren Boden, ihre Rohstoffe und ihre Wälder für vogelfrei erklären, können diese zu den für uns vorteilhaftesten Preisen unseren Wohlstand mehren.
> Die externalisierten Kosten dieses ganz legalen „Tauschgeschäfts" werden den Entwicklungsländern aufgehalst. Ihre Ressourcen jedoch und die auf ihren Äckern auf unseren Wunsch gepflanzten Produkte [...] fallen uns zu.[81]

Zum Schluss seiner Argumentation bezweifelt er, dass unser christliches Selbstverständnis mit einer kapitalistischen Wirtschaftsordnung dieser Ausprägung vereinbar ist.

> Angesichts dieser Tatsachen muß sich unsere Gesellschaft in absehbarer Zeit entscheiden, ob sie ihren Anspruch auf ein christliches Selbstverständnis aufgeben oder ob sie ihre Wirtschaftsordnung in einer Weise reformieren will, die derartige Konsequenzen ausschließt.[82]

Ein weiteres, wesentliches Problem – auf das sich letztlich alle Folgeprobleme zurückführen lassen – ist das der Überbevölkerung. Ditfurth hat das bereits sehr früh – seit Beginn der 60er Jahre – erkannt und sowohl in seinen Büchern als auch in der Sendung „Querschnitte" auf diese Problematik aufmerksam gemacht.

> Die prähistorische Geschichte des Homo sapiens begann vor etwa 100 000 Jahren. Fast diesen gesamten, unermeßlichen Zeitraum, und zwar nicht weniger als 98 000 Jahre, benötigte diese neue Spezies, um sich bis auf die relativ bescheidene Anzahl von insgesamt etwa 250 Millionen Individuen zu vermehren. So wenig Menschen gab es noch vor 2 000 Jahren, zur Zeit von Christi Geburt. [...] 500 Millionen Menschen gab es, so schätzt man heute, zur Zeit der Entdeckung Amerikas. Die Zeit bis zur abermaligen Verdoppelung [...] betrug kaum mehr als 300 Jahre;

---

[81] Ebd. S. 246
[82] Ebd. S. 247

> die Zahl von einer Milliarde Menschen wurde etwa Mitte des vorigen Jahrhunderts erreicht.
> Und von dieser Zeit an stieg die Vermehrungsrate sprunghaft: Von 1940 bis heute [*1983, E.L.*] ist die Zahl der Menschen von 2,5 Milliarden auf 3,2 Milliarden gewachsen. Das heißt, der Zuwachs in diesen 23 Jahren war größer als die Gesamtzahl der Menschen im Jahre 1800!
> Die Vermehrung von 500 Millionen Individuen erfolgt heute bereits in nur sechs bis sieben Jahren, die Frist bis zur Verdoppelung der Menschheit von rund drei auf sechs Milliarden ist auf 35 Jahre zusammengeschrumpft, und bei Beibehaltung des bisherigen Entwicklungstempos läßt sich ausrechnen, daß sich die Bevölkerung der Erde in den kommenden hundert Jahren versechsfachen müßte!
> Es bedarf keiner näheren Begründung, daß eine Versechsfachung der Erdbevölkerung innerhalb der lächerlich kurzen Frist von hundert Jahren zu einer weltweiten Katastrophe führen müßte.[83]

Wenn man davon ausgeht, dass im Jahr 2012 circa sieben Milliarden Menschen auf der Erde leben werden und über neun Milliarden im Jahr 2050, dann zeigt das, wie richtig Ditfurth mit seiner Einschätzung lag. Ditfurth war allerdings nicht der Meinung, dass man dieser Entwicklung tatenlos zusehen muss und macht darauf aufmerksam, dass es durchaus Lösungsmöglichkeiten gibt, wenn er auch deren Realisierung bezweifelt.

> Es müßte, erstens, der Lebensstandard [*in den ärmeren Ländern, E.L.*] verbessert werden, damit, unter anderem, der durchschnittliche Ausbildungsstand gehoben und den Frauen dieser Länder eine soziale Stellung verschafft werden kann, die ihnen die Chance einräumt, über die Zahl der von ihnen geborenen Kinder verantwortlich mitzuentscheiden. [...] [Dann] bedarf es als zweiter Voraussetzung zugleich einer den Geburtenüberschuß spürbar verringernden Familienplanung. Deren Wirksamkeit aber hat, [...] wiederum eine Steigerung des Lebensstandards zur Vorbedingung. So schließt sich der Kreis in fataler Lückenlosigkeit.[84]

Ditfurth glaubte nicht zuletzt deshalb nicht an eine Verbesserung der Lage in den ärmeren Ländern der Welt, weil er wusste,

---

[83] Ditfurth: Nur noch Stehplätze frei. In: Das Erbe des Neandertalers. S. 263
[84] Ditfurth: So laßt uns denn ein Apfelbäumchen pflanzen. S. 275

dass eine „Steigerung des Lebensstandards der Menschen in der Dritten Welt [...] eine grundlegende Änderung der bestehenden Weltwirtschaftsordnung zur Voraussetzung [hätte], also unseren Verzicht auf die einseitigen Privilegien, auf das Monopol an Vorteilen, die uns die geltende Ordnung zuschanzt."[85]

Sein Fazit aus all diesen Überlegungen lautet schlicht: „Die Menschheit hat sowenig eine Überlebensgarantie wie jede andere biologische Art [...] und wird deshalb eines Tages von der Erdoberfläche wieder verschwinden, wie das ausnahmslos Schicksal aller von der Evolution hervorgebrachten Arten ist. Die Frage ist allein, wann dieser Tag kommen wird."[86]

Auch hier zeigt sich – wie bereits bei der Frage des menschlichen Bewusstseins –, dass Ditfurth, genau wie Darwin, ein gradualistisches Evolutionskonzept vertritt. Es ließe sich ja an dieser Stelle einwenden, dass der Mensch zwar ebenfalls eine biologische Art ist, aber eben eine, durch ihren Verstand und ihr Bewusstsein fundamental von anderen Lebewesen verschiedene. Gerade diese Eigenschaften (Verstand, Bewusstsein) eröffnen dem Menschen vielleicht die Möglichkeit, seinem Schicksal nicht tatenlos zusehen zu müssen, sondern intervenierend, weil die Zukunft antizipierend, in die Abläufe eingreifen zu können. Auch auf diesen Vorwurf hat Ditfurth reagiert.

> Vorzüglich! Absolut einverstanden! Also bitte, dann lassen Sie sich etwas einfallen [...] machen Sie Gebrauch von der Kreativität, der Durchsetzungskraft und der zukünftige Entwicklungen vorwegnehmenden Phantasie [...]. Setzen Sie diese Fähigkeiten ein, um nach einem Weg zu suchen, der uns an der Katastrophe noch verbeiführen (sic!) könnte, anstatt [...] in geistiger Bequemlichkeit nach der Art von Lemmingen auf dem gewohnten Wege weiterzumarschieren.
> Einem Wege, der in aller Vergangenheit unbestritten sicher und sogar höchst erfolgreich gewesen ist, an dessen Ende aber [...] ein Abgrund auf uns wartet.[87]

---

[85] Ebd. S. 275
[86] Ebd. S. 281
[87] Ditfurth: Cholaraerreger der 99. Generation.
In: Die Wirklichkeit des Homo sapiens. S. 341/342

4. Der metaphysische Aspekt

Hoimar von Ditfurths metaphysischem Aspekt in seinem Denken kann man sich auf zwei verschiedenen Wegen nähern. Zum einen über den Umweg der Erkenntnistheorie, zum anderen auf dem direkteren Weg über sein teleologisches Kosmogonie-Konzept.

Zuerst einmal geht Ditfurth davon aus, dass fundamentaler Bestandteil einer jeglichen Religion der Glaube an eine, diese Wirklichkeit transzendierende, Welt ist.

> Von einer religiösen Position kann man sinnvollerweise nur dann sprechen, wenn diese die Überzeugung von der Realität einer transzendentalen Wirklichkeit einschließt. [...] Da nun die Möglichkeit einer solchen transzendentalen Wirklichkeit [...] logisch oder wissenschaftlich auf keine Weise auszuschließen ist, kann Religion nicht als Aberglauben denunziert werden.[88]

Dass er hier den Kantschen Begriff „transzendental" statt transzendent verwendet, mag irreführend sein, deutet aber möglicherweise bereits auf Ditfurths Transzendenzverständnis hin, das Transzendenz als das *noch nicht Erkannte* darstellt, im Gegensatz zu dem Begriff der Transzendenz als das grundsätzlich *nicht zu Erkennende*.

Wie wir im Kapitel „Der epistemologische Aspekt" bereits gesehen haben, ist Ditfurth eher skeptisch, was Art und Umfang unseres Wissens über die Welt betrifft. Wenn es aber so ist, dass unsere, für uns noch erfahrbare Welt, von vielen, vielleicht unzählig vielen ontologischen Ebenen überlagert ist, dann heißt das ja nichts anderes, als dass diese Ebenen in einem für uns transzendenten bzw. *noch* transzendenten Bereich liegen.

> Die stammesgeschichtliche Betrachtung der Evolution unserer Erkenntnisfähigkeit führt zwingend zu dem Schluß, daß schon ein Teil der diesseitigen Welt (und zwar ein Teil, den für unvorstellbar groß zu halten wir

---

[88] Ditfurth: Wir sind nicht nur von dieser Welt. S. 207

gut beraten wären) jenseits unseres Erkenntnishorizontes liegt (daß er diesen Horizont also „transzendiert").[89]

Evolution ist somit der Vorgang, der ehemals transzendente Bereiche in subjektive Realität verwandelt.

Evolution verwandelt, so hatten wir gesagt, fortlaufend Transzendenz in subjektive Wirklichkeit, läßt das individuelle Erkennen in einem für unser Zeitgefühl unendlich langsamen Prozeß immer weiter in bislang transzendentale Bereiche hineinwachsen.[90]

Somit geht – wie an anderer Stelle bereits angedeutet – Ditfurth davon aus, dass das menschliche Bewusstsein sich lediglich graduell vom tierischen unterscheidet.

Für diejenigen ontologischen Ebenen, die wir – aufgrund unseres noch unzureichend entwickelten Gehirns – noch nicht erkennen können, hat Ditfurth den Begriff der „weltimmanenten (oder „innerweltlichen") Transzendenz" geprägt.

Erkenntnisforschung, Evolutionstheorie und moderne Physik haben uns die Entdeckung ermöglicht, daß die Welt, in der wir leben, nur ein – aller Wahrscheinlichkeit winziger – Ausschnitt der wirklichen Welt ist, ein Ausschnitt zudem, der die objektiv existierende Welt nur höchst unvollkommen repräsentiert. Diese Entdeckung aber ist gleichbedeutend mit der Anerkennung einer Transzendenz, von der wir bis dahin nichts wußten und die noch nicht identisch ist mit der Transzendenz, von der die Theologen sprechen. Es handelt sich um das von uns bisher (unserer habituell anthropozentrischen Betrachtungsweise wegen) trotz aller Hinweise übersehene Phänomen einer "innerweltlichen Transzendenz".[91]

Ditfurth betont hier noch die Inkommensurabilität dieses Konzepts von Transzendenz mit dem der Theologie und gibt auch gleich ein Differenzkriterium an.

Das Konzept einer weltimmanenten Transzendenz – von deren Realität wir uns doch überzeugt hatten – ergibt nur dann einen Sinn (und läßt sich,

---

[89] Ditfurth: Innenansichten eines Artgenossen. S. 384
[90] Ditfurth: Wir sind nicht nur von dieser Welt. S. 235
[91] Ditfurth: Wir sind nicht nur von dieser Welt. S. 232

das ist wichtig, auch nur dann von der die Welt insgesamt überschreitenden Transzendenz der Religionen zuverlässig unterscheiden), wenn wir anerkennen, daß auch sie grundsätzlich "bewußtseinsfähig" ist.[92]

„Weltimmanente Transzendenz" ist demnach grundsätzlich erkennbar, während die Transzendenz der Religionen unseren – auch zukünftigen – Erkenntnishorizont grundsätzlich übersteigt. Diese richtige und wichtige Unterscheidung wird im Folgenden allerdings relativiert, wenn Ditfurth behauptet, dass Transzendenz als die alles umfassende ontologische Ebene eben doch wieder nur die „oberste mögliche Entwicklungsstufe aller Erkenntnis" ist. Transzendenz so gedacht wird somit zu einem lediglich kognitiven Problem des noch zu Erkennenden.

[D]ieses Bild läßt uns das Jenseits, die Transzendenz, von der die Religionen sprechen, als die größte, die umfassendste aller möglichen Kugelschalen beschreiben. Als jene äußerste Umhüllung, jene oberste mögliche Entwicklungsstufe aller Erkenntnis, die allen anderen übergeordnet ist, die alle anderen ihr untergeordneten Wirklichkeiten trägt und ermöglicht, da sie selbst mit der objektiven, der definitiven Wirklichkeit identisch ist, identisch mit der Wahrheit schlechthin.[93]

Auch der folgende Textausschnitt macht „den Himmel" – trotz anders lautender Beteuerung – zu einem erkenntnistheoretischen Problem.

Diese [*weltimmanente Transzendenz, E.L.*] ist, wie ich ausdrücklich wiederholen möchte, keineswegs etwa schon identisch mit dem Jenseits der Theologen. Ihre Entdeckung aber bewirkt so etwas wie eine Öffnung unserer bisher gegen jede ernst zu nehmende derartige Möglichkeit so erbarmungslos geschlossen wirkenden Welt. Eine Öffnung, hinter der eine ontologische Stufenleiter immer vollendeter entwickelter Erkenntnisebenen sichtbar wird, als deren letzte wir uns dann, ohne daß uns jemand widersprechen könnte, auch jenen "Himmel" denken dürfen, in dem nach religiösem Verständnis der Schlüssel liegt zum Sinn unserer unvollkommenen Welt.[94]

---

[92] Ebd. S. 233
[93] Ebd. S. 236
[94] Ditfurth: Wir sind nicht nur von dieser Welt. S. 301

Neben diesem erkenntnistheoretischen Ansatz zum Verständnis der Ditfurthschen Metaphysik gibt es, wie bereits oben gesagt, den teleologischen Ansatz, der zugleich ein eschatologischer ist. Ditfurths Kosmogonie-Konzept lehnt sich in wesentlichen Punkten an das seines berühmten Vorbildes Teilhard de Chardins an, ohne freilich seine religiöse Engführung zu übernehmen.

Aus diesem Grund werden Teilhards Gedanken im folgenden in Grundzügen dargestellt, um erkennen zu können, wie tief Ditfurth von diesem Häretiker innerhalb der Kirche, dessen Schriften übrigens erst nach seinem Tod erscheinen konnten, beeinflusst war. In einem Gespräch aus dem Jahre 1982 hat er freimütig bekannt, sich diesem Denker „trotz aller kritischen Einwände, die man heute machen muß, geistig sehr nah zu fühlen."[95]

Teilhard de Chardin (1881 – 1955), Jesuit und Paläontologe, war der erste, der den kühnen Versuch unternahm, die moderne Evolutionstheorie mit dem theologischen Schöpfungsglauben zu verschmelzen. Er sieht im Evolutionsgeschehen eine lineare, zielgerichtete Entwicklung zu immer höherer Komplexität. Schaffen heißt für ihn vereinigen („créer c´est unir"), ein Konzept, auf das wir bereits bei der Erörterung der Entstehung des Lebens gestoßen sind. Für Teilhard bleibt diese Idee der Vereinigung oder Integration allerdings nicht auf das Leben beschränkt, sondern ist bei ihm ein universales Erklärungsmodell, das alle Bereiche des Seienden umfasst.

Auf die Entstehung des Kosmos („Kosmogenese") folgt die Entstehung des Lebens („Biogenese") und als vorläufig letzter Schritt die Entstehung des Menschen und damit des Bewusstseins („Noogenese"). Damit ist die Evolution, „die kosmische Einrollung, aus der jeder von uns hervorgegangen ist, […] nicht zum Stillstand gekommen: im Kollektiv geht sie vielmehr ganz im Gegenteil über unsere Köpfe hinweg weiter, und mehr als je zuvor."[96]

Sie strebt über den momentanen Zustand hinaus hin zu einem „Punkt Omega".

---

[95] Riedl: Evolution und Menschenbild. S. 320
[96] Teilhard de Chardin: Mein Weltbild. S. 31

Unter diesem Punkt Omega versteht Teilhard de Chardin „einen letzten und self-subsistenten Pol des Bewußtseins, der genügend in diese Welt hineingemischt ist, um in sich durch Vereinigung die kosmischen Elemente sammeln zu können, die bis zum äußersten ihrer Zentration durch technische Anordnung gelangt sind – und der doch aufgrund seiner supraevolutiven (das heißt transzendenten) Natur in der Lage ist, dem fatalen Rückschritt zu entrinnen, der (von der Struktur her) jegliche Konstruktion aus Raum-und Zeit-Stoff bedroht."[97]

Dieser „Punkt Omega" ist der Endpunkt der kosmischen Entwicklung, in dem sich die „Parusie" – das heißt die Wiederkunft Christi – vollzieht. „Erit in omnibus omnia Deus" ist dabei eine Anspielung auf eine Stelle im ersten Brief Paulus an die Korinther: „Wenn ihm aber alles unterworfen ist, dann wird auch der Sohn selbst dem unterworfen sein, der ihm alles unterworfen hat, *damit Gott alles in allem sei*."[98]

> [...] Durch die Vermehrung ihrer Zahl und die Vervielfachung ihrer Bindungen gegeneinandergepreßt, durch das Erwachen einer gemeinsamen Kraft und das Gefühl einer gemeinsamen Angst aneinandergedrängt, – werden die Menschen der Zukunft in gewisser Weise nur mehr ein einziges Bewußtsein bilden.[99]

> Wie eine gewaltige Flut wird das Sein das Brausen der Seienden übertönen. In einem zur Ruhe gekommenen Ozean, von dem aber jeder einzelne Tropfen das Bewußtsein haben wird, er selbst zu bleiben, wird das außerordentliche Abenteuer der Welt beendet sein. Der Traum jeder Mystik wird seine volle und berechtigte Erfüllung gefunden haben. Erit in omnibus omnia Deus.[100]

Auch Ditfurth ist davon überzeugt, dass die Entwicklung nicht bei uns haltmacht und betont das in vielen seiner Bücher.

---

[97] Ebd. S. 41
[98] I Kor.15,28
[99] Teilhard de Chardin: Die Zukunft des Menschen. S. 401
[100] Ebd. S. 403

> In Wahrheit wird die Entwicklung weit über uns hinausführen. Sie wird in ihrem weiteren Verlauf dabei Möglichkeiten verwirklichen, die das, was wir verkörpern und zu erkennen vermögen, so weit hinter sich lassen, wie wir die Welt des Neandertalers hinter uns gelassen haben.[101]

> Evolution ist ein realer Prozeß. Ein sich in der Zeit bewegender Ablauf. Es wäre nun wieder nur Ausdruck anthropozentrischer Naivität, wenn wir uns dem Gedanken überlassen würden, dieser Prozeß sei ausgerechnet heute, in unserer Gegenwart, zum Stillstand gekommen. Er habe ausgerechnet in uns seinen Gipfel, seinen äußersten Endpunkt erreicht. Dies nach einem Ablauf, der, mit dem Anfang der Welt beginnend, mindestens 13 Milliarden Jahre umfaßt, die demnach zu nichts anderem gedient hätten, als uns und unsere Gegenwart hervorzubringen. [...] Auch wir sind in Wahrheit nur die Neandertaler unserer biologischen Nachfahren.[102]

Im Gegensatz zu Teilhard geht er aber nicht davon aus, dass die Evolution ein vorgegebenes Ziel hat.

> Für die objektive Betrachtung gilt, daß es keine aus der Zukunft wirkenden Ursachen und damit kein im Voraus festliegendes Ziel der Evolution gibt.[103]

> [...] daß in keinem Augenblick der Evolution die psychische Dimension etwa das „Ziel" der aufeinanderfolgenden Einzelschritte gewesen ist. Es gab niemanden, der hätte zielen können.
> Die Möglichkeit des Psychischen war unvorhersehbar. Auch die Evolution ist keine handelnde Person. Sie verläuft unbewußt und lenkt sich nicht selbst. Daß sie dessen ungeachtet nicht ins Chaos führt, ist allein eine Folge der Struktur der Materie und ihrer wunderbaren Entfaltungsmöglichkeiten.[104]

Wenn Ditfurth auch der Meinung ist, dass es „keine aus der Zukunft wirkenden Ursachen" gibt – wie es Teilhard mit seinem „Punkt Omega" behauptet hat – so glaubt er aber offenbar an Ur-

---

[101] Ditfurth: Im Anfang war der Wasserstoff. S. 326
[102] Ditfurth: Der Geist fiel nicht vom Himmel. S. 308
[103] Ditfurth: Das Ende der Evolution – Plädoyer für ein Jenseits. In: Herrenalber Texte 52. S. 17
[104] Ditfurth: Der Geist fiel nicht vom Himmel. S. 49

sachen, die in der Vergangenheit liegen und in den fundamentalen Eigenschaften der Materie zu suchen sind.

> Die totale Offenheit des konkreten Evolutionsablaufs schließt die Möglichkeit nicht aus, daß es in der Evolution insgesamt Tendenzen geben könnte, deren Verwirklichung das der Evolution gemäße Ende bedeutete.[105]

Im gleichen Zusammenhang spricht er von „intelligenten Strategien", die den Ablauf der Evolution von Beginn an steuern.

> Sie alle [*die intelligenten Strategien, E.L.*] steuerten den Evolutionsablauf schon auf molekularer Ebene. Ohne ihr Wirken wäre die Evolution schon zu einer Zeit keinen Schritt vorangekommen, in der die Entstehung von Gehirnen noch in einer unvorhersehbaren Zukunft lag.[106]

Auch wenn Ditfurth diese Behauptung weit von sich gewiesen hätte, lässt sich hier schon beinahe von einem orthogenetischen Evolutionskonzept sprechen. Ditfurths „intelligente Strategien" ähneln doch in gewisser Weise den Kräften, denen wir bereits bei den Vitalisten begegnet sind.

Auch in seinem zweiten Buch „Im Anfang war der Wasserstoff" von 1972 verwendet Ditfurth bereits den Begriff „Drang", um das Phänomen zu beschreiben, dass Leben fortwährend dazu tendiert, sich von seiner unmittelbaren Umgebung zu distanzieren.

> Je länger man darüber nachdenkt, um so mehr muß man auf den Gedanken kommen, daß sich in diesem seltsamen Drang in den Weltraum eine Tendenz ausdrückt, auf die wir schon in früheren Phasen der Entwicklung in den unterschiedlichsten Formen gestoßen sind: Die Tendenz zur Abgrenzung von der Umgebung, zur Ablösung und Distanzierung von der gegebenen Umwelt", so „[...] daß sich hier in neuer, diesmal in technischer Verkleidung der gleiche Drang manifestiert, dem wir auf der biologischen Ebene bereits in der Gestalt des Auszugs aus dem Wasser begegnet sind."[107]

---

[105] Ditfurth: Wir sind nicht nur von dieser Welt. S. 245
[106] Ebd. S. 270
[107] Ditfurth: Im Anfang war der Wasserstoff. S. 328

Trotz dieses quasi-finalistischen Ansatzes besteht Ditfurth auf der Feststellung, dass das Ziel der Evolution nicht feststeht.

> Ein „Ziel" hat die Evolution insofern nicht, als es sich bei ihr um einen echten historischen (also nicht einen determiniert ablaufenden) Prozeß handelt. Ihr Ablauf ist nicht auf ein konkret festliegendes Ziel „gerichtet". Wenn ein Dämon die Geschichte auf der Erdoberfläche um 4 Milliarden Jahre zurückdrehte und daraufhin, von der „Ursuppe" und den noch unbelebten Biopolymeren ausgehend, alles noch einmal von vorn begänne – es käme ohne Zweifel niemals mehr das gleiche dabei heraus, so oft das Experiment auch wiederholt würde.[108]

Allerdings wird hier weniger etwas über das endgültige Ziel ausgesagt, als vielmehr über den Weg dahin.

Obgleich Ditfurth also nach eigenem Bekunden nicht an ein im Voraus feststehendes Ziel der kosmischen Entwicklung glaubt, „dem die Evolution `zustrebte´, vom dem sie gleichsam angezogen würde, das ihr einen Weg `vorschriebe´ oder das auf irgend eine andere Weise aus der Zukunft auf sie einwirkte, ist es sinnvoll, an die Möglichkeit zu denken, daß die Evolution eines fernen Tages an `ihr´ Ende kommen könnte."[109]

So unternimmt er den Versuch, die sich im historischen Prozess gezeigten „Tendenzen" in die Zukunft hinein zu verlängern. Eine dieser Tendenzen besteht seiner Meinung nach – und das ist natürlich Teilhardsches Erbe – in der Integration materieller Strukturen.

> Wenn der Gang der bisherigen Entwicklung weiter fortschreitet, dann kann der nächste Schritt nur in dem Zusammenschluß dieser zahllosen planetarischen Kulturen bestehen, in der Zusammenfassung aller dieser über unsere ganze Milchstraße verstreuten und heute noch isolierten Teilantworten.[110]

Ditfurth geht demnach davon aus, dass die Menschheit im weiteren Verlauf ihrer Entwicklung Kontakt zu außerplanetarischen Zi-

---

[108] Ditfurth: Wir sind nicht nur von dieser Welt. S. 243
[109] Ebd. S. 244
[110] Ditfurth: Im Anfang war der Wasserstoff. S. 340

vilisationen aufnimmt und auf diese Weise eine Art Meta-Bewusstsein entwickelt.

> Von da ab wird die Menschheit in einen Prozeß einbezogen sein, in dessen Verlauf sich immer zahlreichere planetarische Einzelkulturen durch wechselseitigen Nachrichtenaustausch zu immer größeren Verbänden zusammenschließen. Bis endlich, in einer Zukunft, von der wir noch durch Jahrmillionen getrennt sind, alle Kulturen der ganzen Milchstraße durch Funksignale wie durch Nervenimpulse zu einem einzigen, gewaltigen galaktischen Überorganismus verbunden sein werden, der über ein Bewußtsein verfügt, dessen Inhalt der Wahrheit näher kommen wird als alles, was es bis dahin im Universum gab.[111]

Auch das ist ein Gedanke, der sich bereits in ähnlicher Form bei Teilhard de Chardin findet.

> Bei der wachsenden Spannung des Geistes auf der ganzen Erdoberfläche kann man sich zunächst ernsthaft fragen, ob es dem Leben nicht eines Tages gelingen wird, die Gitter seines irdischen Gefängnisses kunstreich zu sprengen – sei´s (und das wäre ein noch viel schwindelerregenderes Ereignis) indem es eine psychische Verbindung mit anderen Bewußtseinsherden durch den Raum hindurch herstellt.[112]

Das Ende des Evolutionsprozesses sieht Ditfurth im Verschmelzen der diesseitigen (materiellen) mit der jenseitigen (geistigen) Welt. Damit gibt er sich in seiner metaphysischen Konstruktion als reiner Dualist zu erkennen.

> [...] daß diese von uns Evolution genannte Geschichte dann ein natürliches Ende finden könnte, wenn sie schließlich ein Bewusstsein hervorgebracht haben wird, das groß genug ist für die Wahrheit des ganzen Kosmos. Das natürliche Ende der Evolution wäre dann identisch mit jenem fernen Augenblick, in dem diese diesseitige Welt und jener jenseitige Geist völlig ineinander aufgegangen sein werden.[113]

---

[111] Ebd. S. 343
[112] Teilhard de Chardin: Der Mensch im Kosmos. S. 296
[113] Ditfurth: Wir sind nicht nur von dieser Welt. S. 289

Oder anders formuliert:

> Und weil wir in dem Teil der Evolution, den wir überblicken können, eine immer umfassendere Ausbreitung des Geistigen registrieren, ist es darüber hinaus auch zulässig, wenn wir das Ende, den "Jüngsten Tag" der Geschichte, als jenen zukünftigen Augenblick denken, in dem der Geist diese Welt in sich aufgenommen haben wird.[114]

Das also ist sein Punkt Omega und die Parallelen sind unübersehbar. Am Ende der kosmischen Evolution wird es – und hier zitiert Ditfurth George Bernard Shaw – „keinen Menschen, nur den Gedanken geben."[115]

> Am Endpunkt der kosmischen Evolution würden dann alle wesentlichen Eigenschaften der Welt geistig und nicht mehr materiell zu denken sein.[116]

Ein weiterer, wesentlicher Gedanke, der sich in ähnlicher Form ebenfalls bereits bei Teilhard findet, ist die Vermutung, dass es sich beim Evolutionsprozess in Wahrheit um den noch nicht abgeschlossenen Schöpfungsakt handelt.

> Daher ist es sinnvoll, an die Möglichkeit zu denken, daß die kosmische Evolution – die alle anderen Evolutionen in diesem Universum einschließt – die Art und Weise sein könnte, in der sich der Schöpfungsakt in unseren unvollkommenen Gehirnen spiegelt. Daß die Entwicklungsgeschichte der unbelebten und belebten Natur die Form ist, in der wir „von innen" die Schöpfung miterleben, die „von außen", aus transzendenter Perspektive, in Wahrheit also, das Werk eines Augenblicks ist.[117]

Diese Konzeption würde sozusagen ganz nebenbei eine der ältesten Fragen der Theologie beantworten, nämlich die nach der Ursache des Übels in einer von Gott geschaffenen Welt.[118]

---

[114] Vgl. Ebd. S. 295
[115] Vgl. Ebd. S. 295
[116] Ditfurth: Evolutionäres Weltbild und theologische Verkündigung. In: Unbegreifliche Realität. S. 268
[117] Ebd. S. 265
[118] Dieses sogenannte „Theodizeeproblem" hat der spätantike christliche

Wenn es sich so verhält, dass der Evolutionsprozess nur die Innenansicht des Schöpfungsprozesses ist und dieser Schöpfungsprozess noch nicht zu seinem Ende gekomen ist, löst sich der scheinbare Widerspruch zwischen der Existenz Gottes und des Bösen in der Welt auf. Die Existenz des Bösen ist eben gerade Ausdruck dafür, dass der Schöpfungsprozess noch nicht abgeschlossen und die Welt, so wie wir sie erleben, deshalb noch unvollkommen und mit Mängeln behaftet ist. Wenn das so ist, „wird mit einem Male das Vertrauen darauf möglich, daß das Ende der Welt gleichbedeutend sein könnte mit ihrer Fertigstellung.

Wenn Evolution, kosmische Evolution, der uns zugängliche Aspekt des Schöpfungsgeschehens ist, dann wäre das Ende des Evolutionsprozesses vorstellbar als der Augenblick der Vollendung der Welt."[119]

Und Ditfurth wäre nicht Ditfurth, wenn durch all die Fragwürdigkeit unseres Daseins nicht auch immer ein wenig Hoffnung durchschimmert, denn „[w]er sich als das Geschöpf und damit als ein Teil dieser alles umfassenden kosmischen Geschichte erkannt hat, ist für alle Zeit jeglichem Zweifel an dem Sinn der eigenen Existenz enthoben. Denn daß aller kosmische Aufwand sich zum Schluß als sinnlos erweisen könnte und daß die Geschichte einer über Äonen hinweg nicht erlahmenden kosmischen Schöpfungskraft nichts anderes sein sollte als ein unüberbietbar gigantischer Leerlauf, das wäre denn doch wohl, bei Anlegung noch so erbarmungslos selbstkritischer Maßstäbe, die am wenigsten plausible Annahme von allen."[120]

Philosoph Boethius knapp durch die Frage formuliert: „Wenn es Gott gibt, woher kommt das Böse? Doch woher kommt das Gute, wenn es ihn nicht gibt?"
[119] Ditfurth: Evolutionäres Weltbild und theologische Verkündigung. In: Unbegreifliche Realität. S. 267
[120] Ditfurth: Innenansichten eines Artgenossen. S. 420/421

5. Schlussbetrachtung

Was diese kleine Einführung zeigen wollte ist, dass Hoimar von Ditfurth nicht nur ein begnadeter Wissenschaftsjournalist, sondern auch ein ernsthafter Wissenschaftler und Philosoph war. Er hatte den Mut in seinen Büchern auch unkonventionelle Ansichten zu vertreten und ist einer fundamentalistisch oder ideologisch geprägten Geisteshaltung stets als Aufklärer im besten Sinne entgegen getreten. Gerade die katholische Kirche mag sich auf der einen Seite gefreut haben, jemanden aus dem „anderen Lager" zu sehen, der versucht Brücken zu bauen. Auf der anderen Seite aber hat er mit seinen zum Teil sehr kirchenkritischen Äußerungen oder auch mit seiner Haltung zur Abtreibung den Zorn der Amtskirche auf sich gezogen.

Manches von dem, was er geschrieben hat, ist durch die weitere Entwicklung der Naturwissenschaften relativiert worden – es ist weniger, als man denkt. Was aber bleiben wird, ist sein Versuch Wissenschaft und Religion zu versöhnen, seine philosophischen Ansichten zur Zukunft des Menschen bzw. des Kosmos sowie sein Aufruf zu Verantwortung, Toleranz und Humanität.

Auch wenn ich viel von ihm gelernt habe, wäre ich ein schlechter Schüler, wenn ich jede seiner Äußerungen ungefragt übernommen hätte und so habe ich dort Kritik geübt, wo ich der Meinung war, dass er sich geirrt hat.

Falls sich jemand fragt, warum ich diese Fülle an Zitaten verwendet habe, dann hat das den einzigen Grund darin, dass ich hier möglichst oft Hoimar von Ditfurth sprechen lassen wollte, um Interesse zu wecken vielleicht mehr von ihm zu lesen. Leider ist bis auf das Buch „Im Anfang war der Wasserstoff" (dtv) nichts mehr von ihm lieferbar. Antiquarisch sind seine Bücher allerdings noch alle erhältlich.

Wenn es durch diese kleine Schrift gelungen ist, jemanden noch einmal – oder vielleicht zum ersten Mal – dazu zu bringen ein Buch dieses ungewöhnlichen Autors zur Hand zu nehmen, hätte sich die Mühe des Schreibens bereits gelohnt.

Mir hat es auf jeden Fall großen Spaß gemacht, mich nach so vielen Jahren noch einmal intensiv mit den Büchern Hoimar von Ditfurths auseinander zu setzen und ich wünsche mir, dass es Ihnen auch so geht, wenn Sie sich demnächst in eine seiner zahlreichen Schriften vertiefen.

Zum Schluss dieser kurzen Einführung in Ditfurths Denken, möchte ich noch einen längeren Abschnitt aus seinem ersten Buch „Kinder des Weltalls" von 1970 zitieren, da dieser Text sehr gut illustriert, worin Ditfurths Reiz als Autor lag und immer noch liegt. Es ist diese eigenartige Mischung aus Information, Pathos, Mystik und Hoffnung, die von so vielen Leserinnen und Lesern geliebt wurde.

„Es ist nicht wahr, daß wir in einem Kosmos ausgesetzt sind, dessen fremde Schönheit mit uns nichts zu tun hat. Es ist nicht wahr, daß unsere Existenz sich in einem Weltall abspielt, dessen unermeßliche Leere wir mit unserer Erde beziehungslos durchqueren, gleichsam nur unserer Bedeutungslosigkeit wegen geduldet, aber ohne jeden Zusammenhang mit der Entwicklung des Ganzen. Wir beginnen heute zu entdecken, daß dieser Weltraum notwendig war, um uns hervorzubringen und zu erhalten. Nicht nur die Zeitspannen, deren es dazu bedurfte, auch die erforderlichen Räume waren unvorstellbar groß.

Ungezählte Milliarden Sonnen mußten entstehen und wieder zugrunde gehen, damit es den Stoff geben konnte, aus dem unsere Welt gemacht ist und aus dem wir selbst bestehen. Unermeßlich große Räume waren notwendig, um auf dieser vergleichsweise winzigen Erde – und auf unzähligen anderen Planeten – die Bedingungen entstehen zu lassen, unter denen allein sich Leben entwickeln kann. Und nicht nur Erde und Sonne, auch der Mond und das ganze kunstvolle Gefüge des Sonnensystems, und darüber hinaus unsere ganze Milchstraße in ihrer besonderen Gestalt – der Kosmos selbst ist der Ursprung und die Grundlage unserer Existenz. Die aus ihm bis zu uns reichenden Kräfte und Einflüsse erst gewähren auch heute noch die Stabilität, die beruhigende Dauerhaftigkeit der uns alltäglich gewohnten Umwelt.

Das neue Bild, das die Wissenschaft in unseren Tagen vom Kosmos zu entwerfen beginnt, wird in seinen wichtigsten Grundzügen damit erkennbar. Der Weltraum, durch den wir mit dem Sonnensystem reisen, hat für uns ein neues Gesicht bekommen. Er ist nicht mehr die kalte, lebensfeindliche Leere, in der wir als beziehungsloser Zufall zu existieren glaubten. Er ist unser Weltraum. Er hat uns hervorgebracht und er erhält uns am Leben.

Wir sind seine Geschöpfe. Das kann uns Vertrauen geben, auch wenn wir zugestehen müssen, daß es niemanden gibt, der uns sagen könnte, wohin die Reise geht."[121]

---

[121] Ditfurth: Kinder des Weltalls. S. 290

6. Veröffentlichungen

Als Autor

1960 Die endogene Depression, Karger Verlag Basel
1965 Aspekte der Angst, Georg Thieme Verlag
1970 Kinder des Weltalls, Hoffmann & Campe
1972 Im Anfang war der Wasserstoff, Hoffmann & Campe
1974 Zusammenhänge, Hoffmann & Campe
1976 Der Geist fiel nicht vom Himmel, Hoffmann & Campe
1981 Wir sind nicht nur von dieser Welt, Hoffmann & Campe
1985 So laßt uns denn ein Apfelbäumchen pflanzen, Rasch & Röhring
1987 Unbegreifliche Realität, Rasch & Röhring
1989 Innenansichten eines Artgenossen, Claassen
1992 Das Erbe des Neandertalers, Kiepenheuer & Witsch
1994 Die Sterne leuchten, auch wenn wir sie nicht sehen, Kiepenheuer & Witsch
1995 Die Wirklichkeit des Homo sapiens, Hoffmann & Campe

Als Koautor (mit Volker Arzt)

1974 Dimensionen des Lebens, Deutsche Verlags-Anstalt
1978 Querschnitte, Hoffmann & Campe

Als Herausgeber

1964-1971 Zeitschrift n+m, Boehringer
1967 Boehringer Mannheim – Diagnostika, Therapeutika, Boehringer
1969 Informationen über Information, Hoffmann & Campe
1971 Akut – Das kritische Magazin für Wissenschaft und Fortschritt, Hoffmann & Campe
1972 Mannheimer Forum 72, Boehringer
1974 Mannheimer Forum 73/74, Boehringer

1975 Evolution, Hoffmann & Campe
1975 Mannheimer Forum 74/75, Boehring
1976 Physik, Hoffmann & Campe
1976 Mannheimer Forum 75/76, Boehringer
1977 Mannheimer Forum 76/77, Boehringer
1978 Evolution II, Hoffmann & Campe
1978 Mannheimer Forum 77/78, Boehringer
1979 Mannheimer Forum 78/79, Boehringer
1980 Mannheimer Forum 79/80, Boehringer, Hofffmann & Campe
1981 Mannheimer Forum 80/81, Boehringer, Hofffmann & Campe
1982 Mannheimer Forum 81/82, Boehringer, Hofffmann & Campe
1983 Mannheimer Forum 82/83, Boehringer
1984 Mannheimer Forum 83/84, Boehringer
1985 Mannheimer Forum 84/85, Boehringer
1986 Mannheimer Forum 85/86, Boehringer
1987 Mannheimer Forum 86/87, Boehringer
1988 Mannheimer Forum 87/88, Boehringer
1989 Mannheimer Forum 88/89 (mit Ernst Peter Fischer), Boehringer
1990 Mannheimer Forum 89/90 (mit Ernst Peter Fischer), Piper

Im Gespräch mit Dieter Zilligen

1990 Das Gespräch, Claassen, dtv

7. Literatur

Beckermann, Ansgar (2008): Das Leib-Seele-Problem. Eine Einführung in die Philosophie des Geistes. Paderborn: Fink Verlag (UTB für Wissenschaft).

Böhme, Wolfgang [Hrsg.] (1983): Herrenalber Texte 52. Das Ende der Evolution. Karlsruhe: Gebr. Tron KG.

Brechtken, Josef (1983): Evolution und Transzendenz. Über unser wissenschaftliches Weltbild von heute und die Frage nach Gott unter besonderer Berücksichtigung der evolutionstheoretischen Theodizee bei Pierre Teilhard de Chardin und Hoimar von Ditfurth. Frankfurt am Main: Peter Lang (Europäische Hochschulschriften).

Bresch, Carsten (1978): Zwischenstufe Leben. Evolution ohne Ziel. 2. Aufl. München: Piper.

Ditfurth, Hoimar von (1975): Im Anfang war der Wasserstoff. 4. Aufl. Hamburg: Hoffmann & Campe.

Ditfurth, Hoimar von (1976): Zusammenhänge. Gedanken zu einem naturwissenschaftlichen Weltbild. 2. Auflage. Hamburg: Hoffmann & Campe.

Ditfurth, Hoimar von (1976): Der Geist fiel nicht vom Himmel. Die Evolution unseres Bewußtseins. Hamburg: Hoffmann & Campe.

Ditfurth, Hoimar von (1978): Kinder des Weltalls. Der Roman unserer Existenz. 6. Aufl. Hamburg: Hoffmann & Campe.

Ditfurth, Hoimar von (1981): Wir sind nicht nur von dieser Welt. Naturwissenschaft, Religion und die Zukunft des Menschen. Hamburg: Hoffmann & Campe.

Ditfurth, Hoimar von (1983): Diskussion. In: Riedl, Rupert J.; Kreuzer, Franz (Hrsg.): Evolution und Menschenbild. Hamburg: Hoffmann & Campe. S. 317–336.

Ditfurth, Hoimar von (1985): So laßt uns denn ein Apfelbäumchen pflanzen. Es ist soweit. Hamburg: Rasch und Röhring.

Ditfurth, Hoimar von (1987): Unbegreifliche Realität. Reportagen, Aufsätze, Essays eines Menschen, der das Staunen nicht verlernt hat. Hamburg und Zürich: Rasch und Röhring.

Ditfurth, Hoimar von (1987): Evolution und Transzendenz. In: Riedl, Rupert; Wuketits, Franz M. [Hrsg.]: Die evolutionäre Erkenntnistheorie. Bedingungen, Lösungen, Kontroversen. Berlin, Hamburg: Paul Parey. S. 258–266.

Ditfurth, Hoimar von (1989): Innenansichten eines Artgenossen. Meine Bilanz. Düsseldorf: Claasen.

Ditfurth, Hoimar von/Zillingen, Dieter (1990): Das Gespräch. Düsseldorf: Claassen.

Ditfurth, Hoimar von (1992): Das Erbe des Neandertalers. Weltbild zwischen Wissenschaft und Glaube. Köln: Kiepenheuer & Witsch.

Ditfurth, Hoimar von (1994): Die Sterne leuchten auch wenn wir sie nicht sehen. Über Wissenschaft, Politik und Religion. Köln: Kiepenheuer & Witsch.

Ditfurth, Hoimar von (1995): Die Wirklichkeit des Homo Sapiens. Naturwissenschaft und menschliches Bewusstsein. Hamburg: Hoffmann & Campe.

Düwell, Hübenthal, Werner [Hrsg.] (2006): Handbuch Ethik. Zweite, aktualisierte und erweiterte Auflage. Stuttgart, Weimar: Metzler.

Gabriel, Gottfried (1998): Grundprobleme der Erkenntnistheorie. Von Descartes zu Wittgenstein. 2. durchgesehene Auflage. München: Schoeningh (UTB für Wissenschaft).

Hartmann, Nicolai (1940): Der Aufbau der realen Welt. Grundriß der allgemeinen Kategorienlehre. Berlin: De Gruyter.

Jonas, Hans (1981): Macht oder Ohnmacht der Subjektivität. Frankfurt am Main. Insel.

Kant, Immanuel (2001): Prolegomena zu einer jeden künftigen Metaphysik. Hamburg: Meiner.

Kant, Immanuel (1974): Kritik der reinen Vernunft. Frankfurt: Suhrkamp.

Lorenz, Konrad (1941): Kants Lehre vom Apriorischen im Lichte gegenwärtiger Biologie. In: Blätter für deutsche Philosophie, Jg. 1941, H. 15, S. 94–125.

Lorenz, Konrad (1968): Das sogenannte Böse. Zur Naturgeschichte der Aggression. 21. – 22. Auflage. Wien: Dr. G. Borotha – Schoeler.

Lorenz, Konrad (1973): Die Rückseite des Spiegels. Versuch einer Naturgeschichte menschlichen Erkennens. 2. Aufl. München: Piper.

Lorenz, Konrad (1987): Evolution und Apriori. In: Riedl, Rupert; Wuketits, Franz M.[Hrsg.]: Die evolutionäre Erkenntnistheorie. Bedingungen, Lösungen, Kontroversen. Berlin, Hamburg: Paul Parey. S. 13–18.

Pieper, Annemarie (1994): Einführung in die Ethik. Tübingen und Basel: Francke.

Popper, Karl R. (1987): Die erkenntnistheoretische Position der Evolutionären Erkenntnistheorie. In: Riedl, Rupert; Wuketits, Franz M.[Hrsg.]: Die evolutionäre Erkenntnistheorie. Bedingungen, Lösungen, Kontroversen. Berlin, Hamburg: Paul Parey, S. 29–37.

Prechtl, Peter/Burkard, Franz-Peter [Hrsg.] (2008): Metzler Lexikon Philosophie. 3. erweiterte und aktualisierte Auflage. Stuttgart, Weimar: Metzler

Quante, Michael (2003): Einführung in die allgemeine Ethik. Darmstadt: Wissenschaftliche Buchgesellschaft.

Riedl, Rupert (1981): Biologie der Erkenntnis. Die stammesgeschichtlichen Grundlagen der Vernunft. 3. durchgesehene Auflage. Berlin, Hamburg: Paul Parey.

Riedl, Rupert; Wuketits, Franz M. [Hrsg.] (1987): Die evolutionäre Erkenntnistheorie. Bedingungen, Lösungen, Kontroversen. Berlin, Hamburg: Paul Parey.

Riedl, Rupert J.; Kreuzer, Franz [Hrsg.] (1983): Evolution und Menschenbild. Hamburg: Hoffmann & Campe.

Spinoza, Baruch de (1982): Die Ethik. Schriften, Briefe. Stuttgart: Alfred Kröner.

Teilhard de Chardin, Pierre (1963): Die Zukunft des Menschen. Freiburg im Breisgau: Walter.

Teilhard de Chardin, Pierre (1976): Mein Weltbild. 2. Aufl. Olten und Freiburg im Breisgau: Walter.

Teilhard de Chardin, Pierre (1999): Der Mensch im Kosmos. München: Beck.

Vinzent, Markus [Hrsg.] (2000): Metzler Lexikon christlicher Denker. Stuttgart, Weimar: Metzler.

Vollmer, Gerhard (2002): Evolutionäre Erkenntnistheorie. 8. unveränderte Auflage. Stuttgart, Leipzig: S. Hirzel.

Weber, Andreas (2008): Biokapital. Die Versöhnung von Ökonomie, Natur und Menschlichkeit. Berlin: Berlin.

Weizsäcker, Carl Friedrich von (1972): Die Einheit der Natur. 4. Aufl. München.

Weitere Quellen

Heinrich Kalbfuß (1972): Im Angang war der Wasserstoff. Interview mit Hoimar von Ditfurth im saarländischen Rundfunk.

Huf, Jules (November 1973): Interview mit Konrad Lorenz im Auftrag des niederländischen Fernsehsenders NCRV.

Boehm, Gero von (1987): Wortwechsel. Interview mit Hoimar von Ditfurth.

Wolfgang Korruhn (1988): Interview mit Hoimar von Ditfurth.

http://www.hoimar-von-ditfurth.de

Zum Autor:
Eckart Löhr studierte Philosophie und Literatur, schreibt für verschiedene Onlinezeitschriften und lebt in Essen. Weitere Informationen unter www.kritik-und-text.de.